U0057761

AQUARIUS

AQUARIUS

AQUARIUS

AQUARIUS

Vision

一些人物，

一些視野，

一些觀點，

與一個全新的遠景！

有人在錯的愛情裡枯萎，
有人在對的人身邊盛放
李愛玲

親愛的女孩：

當你來問愛不愛、離不離、繼不繼續的問題時，我會告訴你，從你慣用的句型裡，先把主詞裡的「他」，替換成「我」——

・不是「他到底愛不愛我」，而是「在這段感情裡，我快不快樂？」
・不想「怎樣能讓他離不開我」，而是「在這些問題中，我作何取捨？」
・我想要什麼？我要如何去得到？我願意為此付出什麼？

當你改變了這一個字，在你自己心中，就已經有了答案。
每個女人都曾在情愛裡卑微。犯過賤，低過頭，但最終，都必須學會挺起脊梁直立行走。

我們去愛，並且負責。

李愛玲

讀者感動好評

這本書給許多女人敲響了警鐘。一直以來，女性就彷彿是為愛而生，不論什麼年齡的女性，只要陷入愛情裡，便幾乎智商為零，行為不受控制，整顆心在男人身上，完全迷失自我。很多痛苦也是由此而來。如果能夠意識到愛玲姊說的話，應該可以避免很多煩惱。現實就是如此，任何人都靠不住，而且還有人需要依靠你，所以，永遠保持自我成長和增值，才是擁有美好生活的不竭動力。

不依靠誰，不向誰伸手，你自己就能擁有美好生活，而且還能給愛的人帶來美好的生活。

女性，不要等著救贖。

（赤耳兔家的小曼）

我們讀這本書的最初動力：蛻變才是目的。

作者寫了大大小小的三十多個故事，大概都是她自己的一些親身經歷和身邊朋友的經驗，正是這樣的瑣碎小事，其實就是我們將來要面對的三十歲的生活，也只有這樣的故事，才會讓我們憧憬自己，會活得更幸福，也會讓我們有勇氣先邁一步，去主導婚姻，主導世界，創建一個自己的新國度。

（zhanban265）

我很認真地細看了兩遍，這本書有不少打動我的地方。一來是年齡相仿，二來同為母親，在書中能找到不少共鳴之處，也因此得到了滋潤心田花朵的一汪清泉。讀完全書，我深深地嘆了一口氣，亦想起了英國詩人西格夫里・薩松詩中的一句話「心有猛虎，細嗅薔薇」。在這本書中，作者李愛玲真是從生活的各個方面闡述了這個觀點，**禁得起、耐得住、受得起、扛得住，活得美麗滋潤，不忘義務責任**，既能「煙視媚行」、「看盡滄桑」，又可「臨風企望」、「勢不可當」。

（木槿花開）

書中作者說的這些描述我們現代職場女子的話語，是我們現代白領女子的最佳詮釋。我也贊同她的話，感受到現代社會給我們的生存壓力大，我們也需要屬於自己的一片天。本書的每一個觀點都寫得很好，用心去品讀，相信你也可以和我一樣快樂。**無論你是女孩還是女人，我們都要學會生活。用心去體驗你的人生，相信每個人都有生存的價值。**

（青色雨音9）

推薦序／

所有女人，都當活成女神

文◎洪培芸（臨床心理師）

坊間許多專門寫給女性，用來自我成長的書，大多是招數，也就是外功。真正重要的是心法，也就是你骨子裡、血液裡對於自我的認識，對於人情世事的理解及洞察，那才是孕育出你真實自信，最究竟的方法。女人多半敗在情場上，但也透過痛徹心腑的愛情、撕心裂肺的婚姻重生及成長。

沒有扎實、深厚的心法作為底蘊，甜言蜜語聽了，心就甜了暖了，耳根子更軟，裙帶也就鬆開了，床不知不覺就上完了。若你真能英姿颯爽，打從心底瀟灑揮一揮衣袖，當作一場男歡女愛，那倒也罷。然而絕大多數的女生，都是從陰道通到心裡，他從此在你心底住了下來，揮之不去。你氣惱自己竟百般相思，表面英風凜凜，暗夜裡哭斷愁腸，淚濕滿襟。

・這本書，就是帶給你深厚心法的最好解答

開宗明義的第一篇，〈好女孩，不曖昧〉真是寫進了我的心坎兒裡。

不負責任的曖昧，說穿了都是自我作踐。你單純地相信，所有相遇都是久別重逢，你天真地以為，驀然回首有他守候。可別忘了，他已使君有婦，你卻以為他等著你救贖，因為世上只有你懂得愛他，唯有你能理解他。而他家的髮妻若非母老虎，就是無趣的糟糠；要麼頤指氣使容易吵架，不然就是兩個人沒話講，唯有你蜜如軟糖。

只是盼呀盼，他一直沒有離婚，你等成了明日黃花。

被睡過的女人永遠懷念，睡過你的男人穿好衣服，頭也不回，再也不見。再不然，就是他跟你濃情蜜意了一段時間，有天他清醒了，曲終人散；留你獨自傷悲，容顏憔悴，形銷骨立。這時的你既非女王，更不是少女，只是囚奴。等他寵幸，等他回頭眷顧，卑微悲涼，徬徨無助。

二十歲的女人，嬌嫩如花。

最美好的風光，就在陽光底下，更在你的眼眸流轉之間。你願意相信，也願意嘗試，無所畏懼的愛情，讓你笑靨如花，讓你勇敢衝撞。

三十歲的女人，堅強徬徨。

曾經你對愛情，從天不怕地不怕，經歷了幾年折騰、幾段折磨，你開始有了務實的考量。不再只是愛最大，敢橫衝直撞；開始會瞻前顧後，掂掂斤兩。說理性是好聽，其實你是愛到痛，傷到怕。

四十歲的女人，滿臉風霜。

你被家庭生活折磨得不像樣，忘了自己曾有的最好模樣，不是久違的下午茶，而是那份餘裕，那股從容。柴米油鹽醬醋茶，鎮日就是忙茫盲。孩子、男人、公婆及爸媽，讓你愁苦到慌。

五十歲的女人，來生盼望。

熬到塵滿面、鬢如霜的現在，你回首前半生：為誰辛苦為誰忙？孩子離家了，先生沒話講了，工作耗盡全力了。你太少為自己而活，因為你總是為他人著想。深深埋藏在你心中的火種，也就是所謂的夢想，如今能否再點燃？不知道，只能來生盼望。

．可柔可強，是少女，也是女王

人生就是修行。事業、愛情一起修練，雙管齊下，贏家就是全拿。你要把自己活得精采，永遠無須為愛傷神，忙亂慌張。他是不是背著你愛別人？他是不是躺在誰的床上？你先把自己鍛鍊好，精神必須獨立，工作不能偏廢，因為它是你的價值感及成就感來源。你不再仰賴誰，就不會枯萎。

但你無須逞強，有時候，柔弱勝剛強。現在的社會總要女人活成無敵鐵金剛，要聰慧，要堅毅，要為母則強。可是我們仍然保有自己內心的柔軟，有自己的天真，這份天真不是傻，而是一份篤定，堅信美好的初心。不容世事淘洗及磨難沖刷，把自己降格，變得俗氣。

經歷過嚴寒風霜，走過了迢迢長路，你才會明白，真正的女王從來都是少女，她沒有壓抑退讓，也沒有偽裝武裝，她沒有拿自己的肝，去換別人的腎臟。無論女王還是少女，截然不同的兩面都是她。

・滾滾紅塵，別在情海裡載浮載沉

你的風光明媚，不能只綻放在那短暫的青春，那是自我侷限，那是對自己的輕賤。你太小看了自己，你該大鳴大放，活出你無限的潛能，活出你最好的版本，也就是活成光彩無限的一生。過去誰傷透了你的心，曾經誰讓你痛到了骨血裡，立誓就此不談情。親愛的，請別矯枉過正，你還是可以去愛，莫忘了你的一片冰心。只是你萬萬不能辜負自己，永遠活在不可追的過去，把愛情當成了你的唯一，得到天堂，失去地獄。

誰沒有為愛傷風，萬箭穿心過？誰沒有因愛痛哭，哭到肝腸寸斷過？愛過、笑過、痛過、哭過、怨過、恨過，你也該上岸了。岸上永遠有更美好的風光等著你，上岸後的道途前方似錦，但你必須啟程，才看得到未來的好風景。走出小村落，你才看得到海天一色的壯闊；踏出新步伐，你才能揮別過去，痛快地仰天高歌。

・我得到，我匹配；我付出，我甘願

你當努力精進，得到你想要的；而你所得到的，正是配得上你的。配不上你的，快走不送；你也該提起腳步，莫再停留。許多女人驀然回首，怪的都不是當初的那個男人，而是自己怎麼會到了這麼晚才明白，怎麼會耽擱了這麼久才走！若能時光倒轉，儘管插翅難飛，再痛也要奮力飛走。

無論工作還是愛情，我們都該心懷慈悲，更當有勇有謀。女人要有一股底氣！今生我無須學習原諒別人，因為我打從一開始，就不讓人得寸進尺，不讓人對我不起。

你對他好，是因為你甘願。他若不懂得珍惜你，不願意善待你，你哭夠了，就抹乾眼淚，旋即走人。「乞憐」二字，不該出現在你的生命裡面。

・不捨愛人，待己慈悲

無論你多麼捨不得愛過的人，都應該學著對自己慈悲。熬不出幸福，就該放手讓自己不再受苦。過去我們總是學著愛人，現在更該學習如何被愛。少女胸懷理想，眼神透亮；女王能主德政，眼神慈祥。

我們是永懷初心的少女，也是君臨天下的女王。每個女人都當活成女神，自帶光芒。

心的萌芽／

女人多勇敢，就有多柔軟

這本書交稿的前幾天，我突發奇想，對一個女性朋友說：「下半年我想練出馬甲線。」

她既沒有「你已經夠瘦了還瞎折騰什麼」的無視，也沒有「這歲數何苦對自己那麼狠」的哀嘆，而是篤定地告訴我，「練吧，不試怎麼知道呢？看看自己到底會變成什麼樣。」

我想，這就是女人活在這個時代最大的幸運吧，無論多少歲，依然可以對未來充滿期待和熱忱。

我想去試試，看看自己能走到哪裡，會變成什麼樣子。

若時間倒退十幾年，我恐怕只會在心裡默默對自己說：算了。

沒錯，我曾經就是這麼自卑、無力、懦弱，怕受傷，怕失去，怕做不到，怕不能得償所願。一襲黑衣一束馬尾，在飛揚招展的年紀，暮氣沉沉地湮滅於眾人。

我常想，女人的情路，大抵也是相似吧：有人二十幾歲，為一份愛急急打馬天涯，等不得陌上花開緩緩歸。有人三十出頭，生活大幕轟然拉開，愛情被柴米油鹽挾裹而去。有人四十左右，忽覺人生苦短，痛悔不曾轟轟烈烈傷心傷肺地愛過。

我們一直在尋找，卻又永遠求不得。執鏡自照時，乍見初老面目，笙歌散盡時，又想擊鼓而舞。

少女時代太過敏感脆弱的人，往往容易在某個階段，或因工作，或因婚姻，或因生子，如基因突變般，變得張牙舞爪生猛凌厲起來，從憂鬱自憐的林妹妹，一夜變成潑辣跋扈的王熙鳳。

生怕掉隊，生怕失敗，生怕後悔，於是——我大步流星闖職場，不言乏力，鐵骨錚錚。我拚盡全力做母親，不辭勞苦，義無反顧。我長成一個鋼鐵戰士，戰功彪炳。也活成一只旋轉陀螺，不捨晝夜。

終於有人對我說：你出走半生，歸來已是女王。

女王，是否就是這般鐵甲鋼拳模樣？

恐怕只有自己知道，那是用力過猛的自保，是情深不壽的委屈，是過剛易折的虛弱。

直到七月的夜裡，我去聽林憶蓮演唱會。她一襲紅衣站於台上，彈著吉他唱著歌，笑起來眉眼彎彎，充滿少女感。

剛柔相濟，纏綿悱惻。九曲迴腸，倔強鏗鏘。

那一刻我突然懂了，什麼是做女王的底氣，什麼是做girl的資本。

不是必須成為狠角色，不是劍拔弩張生猛決絕。

一個女人的生存姿態，不應該只有「堅強」二字。

我可低眉，亦能昂首。我的晨曦中有勇敢，我的夜色裡有溫柔。

三毛曾寫：一個當年被父母親友看作問題孩子的二毛，為什麼在十年之後，成了一個對凡事有愛、有信、有望的女人？在三毛自己的解釋裡，總脫不開這兩個很平常的字——時間。

對我來說，不只是時間，還有痛楚與失去。

女人沒有誰天生強大通透灑脫，不過就是橫衝直撞太久，痛得多了，變得敢了。

這份敢，不再是二十歲的東奔西突，也不再是三十歲的錚錚鐵骨。

是不迴避，不躲閃，不再輾轉騰挪，不再矯情，也不去硬碰硬。

是敢愛敢恨敢失去，是事無兩樣心有別。

二十歲時戀愛，我緊張、彆扭、迷惘，充滿不安全感。

如今結婚十年，我舒展、篤定，在情愛中悟道，在婚姻裡修行。

終於明白，一個人擁有怎樣的自我，就會擁有怎樣的人生和感情。

少女不是一味柔弱得軟趴趴，女王也不想永遠堅強得冷冰冰。兩者之間找到一個詞，叫作「韌性」。

女王是坦蕩，是負責，勇敢完成自我更新、自我成長，無畏向前。少女是赤誠，是純粹，永遠保有一顆初心，簡單澄明，執著生動。

少女有少女的鎧甲，女王有女王的軟肋。我敢坦露脆弱與柔情，承認孤獨和疲憊，接納遺憾與後悔。也敢和血吞齒徐步前行，絕口不提傷悲，在愛裡學會敬畏。

作家簡媜說：**我們活在這個時代，但不是為這個時代的錙銖、鑼鼓在寫，為讓我們活著的那一存有在寫。**

此刻，我寫給夜裡的你們，又何嘗不是寫給醒著的自己。

不假意堅強，也不佯裝薄涼。像女王一樣強大，如少女一般柔軟。

這才是我們真正想成為的鏗鏘玫瑰——世事薄涼，仍心生嫵媚。生活殘酷，愛亦有慈悲。

親愛的女孩：願你煙視媚行，亦可臨風企望。願你看盡滄桑，終將勢不可當。願你得未曾有，不負此生路遠情長。

目錄

PART 1
沒有底線的感情，都是聖母配渣男

有人在錯的愛情裡枯萎，有人在對的人身邊盛放

PART 2

越女王的人，才能越少女

目錄

PART 3

如果他愛你，眼裡會有疼惜

有人在錯的愛情裡枯萎，有人在對的人身邊盛放

PART 4

女人不是討厭當媽，而是痛恨隱形爸爸

PART 1

沒有底線的感情，都是聖母配渣男

任何時候，都要為自己設置包容和忍耐的底線。
這是感情的城池邊界，也是自我保護的基本原則。

好女孩，不曖昧

愛情就像高手過招，誰先動心，誰就滿盤皆輸。
曖昧就是賤人過招，誰還動心，誰就至賤無敵。

不得不承認，女人活得太理智了，也就意味著不怎麼可愛了。

就拿我自己來說，在我人生第二個本命年的時候，還熱衷於跟姊妹淘一起談愛情、聊男人，誰喜歡了誰，誰暗戀了誰，誰愛而不得，誰為情所困。

而到我第三個本命年的時候，誰再沒日沒夜地拖著我聊這個，我準罵人。

於是，莉莉就被我罵了。

過完年之後的半年裡，這位小姐每回找我都沒別的事，所有主題都圍繞著她春節期間回老家參加校友聚會時，重遇了曾經的大學學長——當年的金融系才子、校宣傳部部長、讓她小鹿亂撞的白馬王子。

果然是萬惡的同學會，拆散一對是一對。我在心裡暗暗罵著。

當她第五次以標準花痴神情坐在我對面，剛一開口，「姊，你知道嗎？我……」

我立馬讓她打住，直接把話接過來，「你的××學長，現居上海，年齡三十一歲，年薪上百萬，外商銀行主管，沉穩英俊、帥氣多金，魅力更勝當年。這兩個多月，他每天在微信上向你道早安，半夜給你去年發的朋友圈貼文點讚。情人節那天，給你發了個說不清道不明的迷離表情，so，你心裡開始翻湧〈聽說愛情回來過〉以及〈有多少愛可以重來〉，呵呵，可惜，他結婚三年，兒子一歲半。」

她撲閃著濃密的韓式睫毛，「呃，你都知道啊？」

我在心裡呸她：你都跟我說四遍了，我還沒整明白簡直弱智啊。

我問：「他大概還跟你說過，他現在並不幸福，結婚是家裡的安排，他老婆一點也不懂他吧？」

她驚訝，「你怎麼知道的！」

還用問？自古套路得人心。我要是男人，撩你們這種妹，每撩必中。

我對她一點都沒好氣，「你有那些閒工夫跟他微信傳情，想過你今年的職業發展規劃嗎？你們公司今年挖了一個外商跳槽來的ＨＲ（人資）經理，要進行績效考核了，你文憑夠硬嗎？資歷夠足嗎？專業夠精嗎？績效考核一執行，能拿多少獎金？青島房價現在漲幅多少了？你的首付還差幾個零？」

她鄙夷地撇嘴，「唉，你現在真俗，以前你是多浪漫的一個人啊！」

沒錯。我當年也跟莉莉一樣，看著瓊瑤式腦殘偶像劇長大，裡面的主角一天到晚什麼事也不做，專業談戀愛。不用工作不用賺錢不用養全家，只負責你儂我儂哭哭笑笑地詮釋劇情。

但**風花雪月不能當飯吃啊**。

像莉莉這樣二十八歲的單身女子，浪漫愛情的幻想斷不了，偶像劇的遺毒除不掉，校友會上驚鴻一瞥，當年暗戀過的歐巴學長，結婚了，當爸爸了，升職了，有錢了，更有男人味了。留了電話掃了微信，曲終人散到家後，收到他的關切訊息：「回去了嗎？今晚喝這麼多酒沒事吧？有點擔心你。」

小女孩那顆粉紅少女心，怦怦就淪陷了。

什麼樣的人，特別熱衷於辦同學會、校友會、同鄉會？

窮鬼、窩囊廢是不來這種場合晃蕩的。通常都是事業小有成就的男人。

他們要像開屏孔雀一樣，把最光彩照人的一面展示出來。莉莉的這位學長，為了這場吹牛大會精心準備、衣著考究、備好名片、練習演講稿，胸有成竹地拉來一幫昔日校友同窗，互相展示身分，區分階層，順便一舉兩得——撩一撩你這樣當年深深迷戀過他的小學妹。

一場正常愛情的序曲，兩個人尚未挑明、霧裡看花、水中望月、似有似無、患得患失的滋味最撩人。但顯然，他已經結婚了，深知自己失去了正常戀愛的資格。

但莉莉還單身啊，當年的黃毛丫頭出落成楚楚動人的女人，破繭成蝶，青春逼人。男人都有一種迷之自信：你當年喜歡過他，至今仍然未嫁，必是曾經滄海難為水，他的結論就是——你為他單身至今。於是他意淫出無限可能。而偏偏，他一撩，有人就上鉤了。

我問莉莉，「你打算怎麼著？人家已經有家有口了，你清清白白的一個女人總不能當小三吧？」她斬釘截鐵，「當然不能。不過，他這麼關心我，我真的很感動。造化弄人，他說如果早兩年相遇，他一定會認真追我，他說，他會像一個哥哥那樣喜歡我，會在心裡給我留一個特別的位置，只屬於我。」

呵呵，如果讓我一直冷笑下去，我想我能笑出腹肌。這個時候說「如果」，是扯淡的廢話。你只比他低兩屆，若他真想回來找你，無須費太多力氣就能打聽到你畢業後的去處。像哥哥那樣喜歡你？你應該馬上給他聽一首孟庭葦的〈你究竟有幾個好妹妹〉。

其實不只莉莉，許多年輕女孩都接到過已婚男人的曖昧暗示。

曖昧有兩大好處：第一成本低，第二責任輕。

他只需要付出一點點時間成本，發個曖昧不清的表情，配幾行溫情脈脈滿含關心的字句，在你平靜的湖心投下漣漪。他也不必承擔實質性責任，風險等級極低。

他步步試探，句句撩騷，若你大膽開放，便發展成免費炮友，你情我願互不虧欠，分文不花盡享魚水之歡。若你傳統保守，未動身，先動心，情海深陷，他拍拍屁股全身而退：我只把你當妹妹，你可千萬別誤會。

說白了，他只敢撩你這種很傻很天真的妹子，絕不敢惹那些精明勢利的熟女。

聽我分析完，莉莉問：「那，我要把他封鎖嗎？」

不用。你說兩句話就能讓他主動消失了：一、說你要創業，讓他用銀行關係幫你貸出一千萬。二、說你要結婚，馬上辭職去上海投奔他，如果他愛你就離婚娶你。

這妹子天真地問：「萬一他真同意了呢？我既沒打算創業，也沒打算讓他離婚啊！」

放一萬個心吧。就以你們這種關係，就憑你在他心裡的定位，第一句先把他嚇尿了，第二句直接把他嚇跑了。

古龍曾說：愛情就像高手過招，誰先動心，誰就滿盤皆輸。

替換一下：曖昧就是賤人過招，誰還動心，誰就至賤無敵。

好女孩，永遠別去玩曖昧。

你的人生永遠有更要緊的兩件事：努力賺錢，認真變美。然後，正大光明、坦坦蕩蕩地去談一場愛情，跟那個配得上你粉面朱唇玲瓏心的人。

那些只想和你曖昧的人，直接讓他滾。

改變一個字，拿回感情主動權

當感情困頓，別急於問他還愛不愛你，你先問自己，你還要不要他。
當男人出軌，先不必問他願不願回歸，你先問自己，你肯不肯原諒。

寫微信公眾號文章兩年多，在我接到的全部情感傾訴和諮詢的讀者中，只有四位男性。其餘的，清一色都是女人。

因為男讀者留言少，所以僅有的幾條，給我的印象極深。

其中一位，說他女朋友年紀小，總愛耍任性，實在讓人受不了。他問：我如何提分手，她更容易接受？

還有一位，講了他暗戀的女神的諸多細節，對方卓然不群、追求者眾，他關心的是：我要怎麼追，才更有機會？

再看看女人的問題——

・相戀三年的男友劈腿，女孩傷心欲絕：他到底有沒有愛過我？
・結婚十年的老公出軌，女人悲憤交加：怎麼做才能把他奪回？
・相親剛認識幾個月的對象提出性要求，女孩左右為難：他一再想要，能不能給？

我並不是指事件本身。

女人在感情裡，對感受的敏銳、對安全感的需求，都比男人多得多，女人的煩惱自然也比男人多得多。

我想說的是，把男女提問的句型比較一下，就看出差別了。

即使同樣是問題諮詢，**男人的主詞永遠是「我」，而女人的聚焦卻大多是「他」。**

別小看這一個字，它暴露的，是一個人在情感狀態中的潛意識。

以「我」為開場的人，關注的首先是自身，他將自己置於主場之上。

以「他」為主體的人，其實未必愛得多深，而是習慣了附屬者的身分。

那些在婚姻中被動的女人，都沒把自己放在感情的主場，自然也難以擁有主動權。她們太過於把焦點集中在男人身上——

．他怎麼能這樣對我？
．他為什麼可以說變就變？
．怎麼樣才能讓他回心轉意？
．如何做才能讓他離不開我？

每當看到這種話，我都覺得，女人千百年來，千辛萬苦取得的覺醒和進步，頃刻間全退回去了。那些獨立自主的自我意識，全被打回了軟趴趴的原形。

曾有一個結婚不滿一年的妻子問我，要不要去做豐胸手術，因為她老公總嫌她胸太小，她總害怕因為這點被拋棄。

當你想用胸前四兩來留住男人的時候，其實就已經輸了。

你不是輸在A-CUP，而是輸在討好的姿態。

即便你從整形醫院出來之後波濤洶湧，他依然會嫌你腰不夠細，腿不夠長，床上不夠騷，人後不會浪。

當一個女人在婚姻裡，只關注「他」，而不敢提「我」，不能挺直腰桿與男人並肩而立談問題，那就無從談平等。

才女明星徐靜蕾在自導自演的電影《一個陌生女人的來信》裡，就表達了特立獨行的愛情觀：**我愛你，但與你無關。**

她將這部茨威格的同名小說（台灣譯為《一位陌生女子的來信》），移植到一九三〇年至一九四八年的北京：「我要你一輩子想起我的時候，心裡沒有憂愁，我寧可獨自承擔一切後果，也不願變成你的一個累贅。我希望你想起我來，總是懷著愛情懷著感激，在這點上，我願意在你結交的所有女人當中，成為獨一無二的一個。」

沒有苦情，也不是負氣，更不為誰而活。

就像她如今說：**我們為什麼要做討人喜歡，而不是自己喜歡的女孩呢？**

還有劉嘉玲。許多年一直被批評配不上儒雅深情的梁朝偉。坎城影展上三人牽手的照片被一再研究，外界紛紛定論：梁朝偉的真愛是張曼玉。

她無所謂。二〇〇八年與梁朝偉在不丹大婚；數年後，與張曼玉合影並配文：歲月極美。

她在訪談中大氣淡定，款款道來：我選擇了梁朝偉。

她自始至終都是自己的主人，女王風采裡透著人生智慧——**我為我自己負責，不必等待任何人來救贖和選擇。**

畢卡索曾經無情地評價女人：女人就是承載痛苦的機器。

在他的情史中，所有被他折磨過的女人，都難逃悲涼結局，非死即傷。

但有一個倖免的女人是芳斯華．吉洛。

畢卡索為她作畫時，曾說：「我看你不是坐著的，你根本不是被動型的人，我只看見你站著。」

沒錯。她是唯一一個主動拋棄畢卡索的人。即使為畢卡索生了兩個孩子，依然清醒決然地離開這個情感暴君。她知道自己要什麼，絕不會在一個暴戾自私的男人那裡委曲求全、苟延殘喘。

吉洛自己也是個畫家。離開畢卡索之後，她依舊成績斐然：一生舉辦了五十多次展覽，出版十二本著作，被法國總統授予國家榮譽勳章。

她說：我之所以是今天的我，不是因為我曾與畢卡索生活過。

縱然我們永遠無法成為吉洛、徐靜蕾、劉嘉玲，但對女人，無論生於何等年代，無論何種年齡身分，**真正主宰命運的，都是那些永遠將自己置於人生主場上的人。**

當感情困頓，別急於問他還愛不愛你，你先問自己，你還要不要他。

當男人出軌，先不必問他願不願回歸，你先問自己，你肯不肯原諒。

如果你以附庸姿態，仰面等待他人垂憐，如果你以男人最終選擇誰而定勝負，那麼男人選擇不分手、不離婚，保留你的正宮地位，你就算贏了。

但敢於聽從內心真實的聲音，以自己的最終幸福論成敗的人，永遠讓自己保有選擇的權利和機會。

成熟的婚姻，是兩個獨立平等的人，在愛中彼此支撐，互相依賴，而不是一方依附於另一方生存。

掌握主動權，不是霸道強勢，不是事事都要說了算，而是永遠遵從自己的內心，永遠對自己負責任。付出時心甘情願，告別時無憾無悔。

當你來問愛不愛、離不離、繼不繼續的問題時，我會告訴你：

從你慣用的句型裡，先把主詞裡的「他」，替換成「我」——

．在這段感情裡，我快不快樂。

．在這些問題中，我作何取捨。

．我想要什麼，我要如何去得到，我願意為此付出什麼。

當你改變了這一個字，也許就不必再向誰求助和徵詢，在你自己心中，就已經有了答案。

你真正的決心，無須徵得任何人同意。

每個女人都曾在情愛裡卑微。

犯過賤，低過頭，但最終，都必須學會挺起脊梁直立行走。

沒有底線的感情，都是聖母配渣男

所謂體諒，不是他一再出軌，你還要檢討自己，為他開脫。
所謂接納，不是他自私冷血，你還要逃避真相，自欺欺人。

她說，自己一直是個缺乏主見的人。

家人安排了相親，便去見了，不覺得多好，也沒覺得多壞。後來相處，發現男人脾氣很差。不鹹不淡地處了半年，拖拖拉拉想分手，可兩家父母卻開始催促訂親登記。

親戚們撮合：男人不結婚，永遠長不大，過起日子慢慢就好了。

她默默想：好吧，或許結了婚就好了。

就這樣嫁了。

婚後大大小小爭吵不斷。她獨自垂淚，他獨自酣睡。

別人勸她：男人不當父親，怎麼能成熟呢？有了孩子就好了。

就這樣生了。

因為是女兒，嘗盡婆婆冷臉，月子艱難。男人依舊在外打牌、喝酒。一切，都沒有因孩子而變好。

可又能怎麼樣呢？孩子這麼小，她不再敢輕言離婚。只能忍。

後來男人出軌，跟小鎮上風騷的交際花廝混，她嘆氣：算了，好歹晚上還能回家。

後來男人肆無忌憚地徹夜不歸，她自我安慰：由他去吧，好歹他並沒有提離婚啊。

再後來男人變本加厲，耍酒瘋，將她打得鼻青臉腫，她依舊自欺欺人：他只是喝多了，酒醒後也知道後悔的。

那些當年勸她忍的人，開始勸她離婚，可她說：或許等他老了就好了，孩子不能沒爸爸。

淒風苦雨，暗夜如刀，她就這樣在無奈和煎熬中衰老，徹底變成安弱守雌、聽天由命的婦人。

這是真實的人和事，而且，這樣的人和事，並非少數。

她說：我是一步錯，步步錯。

我說：你是一步退，步步退。

總是退的人，終有一天，會無路可退。

這一齣悲劇，看似皆因男人，但細思起來，其實女人都有戲分。

婚姻裡，一個人無原則，另一個就會有恃無恐；這一方無底線，那一方就敢肆無忌憚。

女人軟弱縱容，就是在給暴戾推波助瀾。

婚姻不設底線，都是在親自孵化渣男。

幾年前，在經歷了圍城歲月裡的瑣碎日常之後，在走過了那段矛盾掙扎的煎熬時光之後，我最大的收穫就是釐清了我對婚姻的基本原則，這三點對我來說，是不能觸碰的底線。

第一、暴力

回頭想想，我最想離婚的時候，就是頻繁冷戰的那個階段，那是我們給彼此的無聲的對抗和無形的暴力。所幸那個階段很快結束，才有了後來的修復。

很多女人以為，只有動手才叫暴力，其實，家暴還包括語言暴力和冷暴力：一種是侮辱謾罵、惡毒詛咒，張口閉口讓對方去死；一種是長年冷戰，不理睬、不交流、不回應。

前者是一盆火扣下來，將人灼傷。後者是一塊冰罩過來，令人絕望。

這是一種人格侮辱，更是一種精神折磨，這些殺傷力，甚至比肉體傷害更嚴重。

第二、不愛

在我心裡，有一種情況，即使沒有出軌，也注定無法繼續，那就是不再愛。

「我沒愛上別人，我只是不愛你了。」

我不再對你有任何感情，同時也不再有任何責任。

從此，屋簷下住了兩個最熟悉的陌生人。

這不是婚姻，只是合租人。

在修復感情的幾次深談中，我曾對另一半坦言：**我可以接受沒有錢，但不能容忍沒有愛。我可以與你過苦日子，但不能與你繼續沒有感情的婚姻。**

女人對愛的需求，就像植物需要水。沒有愛的婚姻只能枯萎。

不出軌，只是對婚姻基本的忠誠。

而愛，才是對婚姻最大的責任。

第三、為錢反目

作家好友李筱懿寫過一篇文章〈好婚姻的三個標準〉，「同一口鍋裡吃飯，同一張床上睡覺，知道對方有多少錢。」

多少夫妻，兩個海誓山盟共白頭的人，最後成為錙銖必較，為錢反目的仇人。

你悄悄給婆家買房，我偷偷給娘家塞錢。你藏你的小金庫，我打我的小算盤。兩個人結婚，就是人生合夥人，談錢不傷感情，談感情也不傷錢。婚姻裡，一個家庭的收入、開支、儲蓄、規劃，應該開誠布公，光明磊落，有商有量。我無法接受原本為愛走在一起的兩個人，最後為了錢而撒謊欺瞞、提防戒備，相互算計和欺騙。若到這一步，那就讓我們一拍兩散，再明明白白地算錢。

我的底線並沒有什麼借鑑意義，因為它只對我有意義。

就如同一千個人眼裡有一千個哈姆雷特。一千個人心中，對婚姻有一千種不同的標準——安潔莉娜・裘莉會因教育理念不合而與布萊德・彼特離婚；王菲會因夫妻緣盡而與李亞鵬分手。你會發現，每個人的底線都不一樣，有人為孩子，有人為財產，有人為名分，有人為尊嚴，也有人只為愛，與其他都無關。

女人們痛斥渣男遍野，男人們抱怨渣女橫行。沒有底線的婚姻，結局就是——你一直裝瞎，他越來越渣。

我寫過很多經營婚姻的文章，但有一點前提：**婚姻裡所有接納、體諒、寬容，都應該是建立在正常範疇之內。**

所謂體諒，不是他一再出軌，你還要檢討自己，為他開脫。

所謂接納，不是他自私冷血，你還要逃避真相，自欺欺人。

你若把忠誠放在婚姻的首位，他就會懂什麼叫一次不忠，百次不容。

你若將尊重視為基本準則，他就不敢肆意妄為，再三挑釁。

當他第一次向你揮起拳頭的時候，你就要讓他付出代價。

當他第一次踐踏你尊嚴的時候，你就要讓他知道後果。

你只有拿出自己的骨氣，才有被重視、被敬畏的威嚴。

而當你，錯把懦弱當包容，把縱容當慈悲，把忍辱當美德，把不作為當智慧的時候，你的婚姻，就是培養渣男得寸進尺的溫床。他只會在你眼皮底下越發明目張膽、變本加厲。

情愛很感性，婚姻也很現實。任何時候，都要為自己設置包容和忍耐的底線，這是婚姻的城池邊界，也是自我保護的基本原則。

無論男人還是女人，無論愛情還是婚姻，任何時候，守住自己的底線。

底線之內，且行且珍惜。

底線之外，收起你的聖母心，絕不忍，讓他滾。

別怕變化，好的擁抱它，壞的幹掉它

愛著你，我會因愛成為一個更好的自己。
離開你，我也不會淪為苦大仇深的棄婦。

公司的辦公室主任是位待我極好的老大哥，我初入公司時就是他的下屬，多年來感情親厚。回總公司培訓，見面聊起家常。他說年前患了結石，半夜突發疼痛，滿地打滾，在只有老婆陪在身邊共度難關的時刻，真切感受到，結髮夫妻才最值得依靠。

他語重心長地對我說：「對你家小劉好一點，你以後，全指望人家照顧呢。」

我一副傲嬌臉。

他念我，「別不服，你還不到年紀，等五十歲之後，你就知道了。」

我跟旁邊的女同事調侃，「就算現在對他好，將來也未必就伺候我們啊！」

女人們相視一笑，點頭如搗蒜。

我明白，老大哥想告誡我：少來夫妻老來伴。

如同身邊無數尋常夫婦，年輕時吵鬧半生，離婚常掛嘴邊；五十知天命，收起了氣盛與不甘，關切對方的健康，照料彼此的病痛，相扶相攜走向人生終點。

身為女人，我為婚姻付出如此之多，當然也希望能夠如他們一般，執手相伴，行至老年，得至善終。

但同時，我也會在能力範圍內，給自己多買幾份重大傷病和養老保險。

這其中的真相是：**感情是種變量。**

曾在都市情感劇中看過一個情節：劇中的女人在婚前，要求先生去公證處做一份永不變心的承諾。劇外的女人看得齊齊咋舌，這種承諾，別說公證處，老天爺也給你保不了。

作家木心的詩裡說：從前慢，一生只夠愛一個人。有人神回覆：但能娶很多妾。

其實我真心覺得，感情的變數，自古至今，始終不曾減少過。無論車馬慢的從前，還是速食愛的現在。

人傳歡負情，我自未嘗見。三更開門去，始知子夜變。

聰慧的舊時女子，於千百年前，就比我們更懂感情中的變數。才情縱橫如唐朝女詩人魚玄機，寫下「易求無價寶，難得有情郎」，自此豔幟高張。大義凜然如西漢才女卓文君，慨嘆「巴不得下一世，你為女來我為男」，後提筆，「錦水湯湯，與君長訣」。就連千秋女皇武則天，也曾於感業寺寫過「不信比來長下淚，開箱驗取石榴裙」。

她們的心，愛過，也冷過。

這世間，任誰都無法掌控的，是人心和感情。

老公的外婆已年逾九十。她年輕時讀過書，不纏小腳，至今關心時政。即便如此，十年前在我的婚禮前夕，她依然拉著我的手，語重心長地說：「現在的年輕人啊，動不動就鬧離婚。我們那個年代哪有離婚的？誰要離婚，自己就先去跳井了。」

我們的祖輩和父輩，都習慣了用婚姻來定義人生的完整。所有變數，忍忍都可以過去，所以婚姻對他們來講，是穩定的堡壘，只要邁進去，無論春暖花開還是風霜刀劍，頭不回，金不換。

那只是形式上的穩固。

婚姻從來都不是一勞永逸的事情。

古希臘哲學家說：世界上，唯一不變的，就是變化本身。

婚姻本就是動態的，婚姻的風險和意外也是動態的。

總有女人哭哭啼啼：明明那麼深愛過，男人怎能如此涼薄，婚姻怎會這般脆弱。

感情走到最後，大多數是，男人沉默，女人不甘，非要打破砂鍋問一句：你到底有沒有愛過我？得不到一個肯定的答案，便如暴屍街頭，死不瞑目。

有人說：你這麼說，是因為你不相信感情。

不，我相信感情。

我經歷過海誓山盟，也擁有穩定的感情和美滿的家庭。

正因為相信感情，所以我更敢於正視感情本身的問題，接納它天然的缺陷。

它不是合同，約定了權利義務，就打勾勾一百年不許變。它不是保險，一旦出現意外，就按約定如數理賠。它也不是儲蓄，甚至連保本的承諾都不會給你。

當初做選擇的時候，我相信他是那個無論我胖瘦美醜貧富貴賤，都會陪我到白頭的人。

我願意在愛情和婚姻裡全情投入，交付信任。真誠以待，也保持獨立；用心經營，也接受改變；有錦衣溫柔，也有鎧甲加身。

因為我懂得，它從來不會因你拿到了通行證，就給你永久居留權。也不會因你投入了青春、感情和精力，就讓你高枕無憂，穩賺不賠。

變化永遠都存在。

我願意付出最大的努力，也甘願承擔所有的風險。

愛著你，我會因愛成為一個更好的自己。離開你，我也不會淪為苦大仇深的棄婦。

這就是我對婚姻的變化，唯一的態度。

有人接你，手機也別卸載叫車ＡＰＰ。

有人養你，卡裡也要有自己的錢。

有人說寶貝我永遠都愛你，也不耽誤你讀書、變美、健身、闖事業、買保險。

親愛的，愛不愛，婚不婚，永遠別放棄自己的成長和增值。

女人不停往前走，靠的從來不是勵志雞湯，而是憑真刀真槍真本事。

活成更精采、更強大的一個人，你才能不被變化打敗，不被外力摧毀。你才能坦然接受生命中那些不完美，擁抱情愛裡所有的不確定。

你才不會卑微地向男人彎腰乞憐，也不必慌裡慌張向婚姻要一勞永逸的安穩，亦無須迫不及待讓愛情出示此生不渝的證明。

別怕變化，好的擁抱它，壞的幹掉它。

女人一生也許根本就沒有完美的選擇。
所謂美滿和平衡的結果，
無非就是讓自己擁有的那份繽紛茂盛，
成為幸福與滿足的源泉。
真正的勇者，不只是勇於選擇，
更勇於將這個選擇變得無比正確。

你把自己活成錦，自會有人來添花

愛情是錦上的花，有所附著才鮮豔。
矯情是雪裡的炭，燒完就只剩灰了。

我一個老閨密，前幾年動不動就跟我吐槽：
「你說我要是一直嫁不出去怎麼辦啊？」
「你說現在可靠的男人怎麼那麼難找啊！」
「你說我過了四十歲會不會生不出孩子啊？」
要不是看在多年情分上，我都想把她封鎖了。

我以前經常對她說：「就你這情況，先去賺錢，錢能解決你百分之九十九的問題，剩下的百分之一，是你有錢沒錢都解決不了的。」

她總是狠狠呸我，「俗不可耐！」

沒辦法，在文藝老青年眼裡，除了傷春悲秋風花雪月，別的事統統俗不可耐。

昨天她突然開竅了，在ＱＱ上對我說：「我想通了，錢對我來說，何止能解決百分之九十九的問題，簡直能解決百分之百的問題，因為其他的，我根本不care了。」

我隔著電腦螢幕對她微笑點頭，「不是錢能解決你百分之百的問題，而是錢能治好你百分之百的矯情。」

難道不是嗎？

變老有什麼可怕的？變成一個身無分文的老窮鬼才是最可怕的啊！

一把年紀還沒男人算什麼？一把年紀還沒賺錢能力才是真正的人間悲劇好嗎？

那晚去創業的閨密家作客，在她的海景豪宅裡喝了兩杯紅酒。她說，前幾天，隔壁的大戶型出售，她糾結要不要買。但後來想想算了，現在這個雖然不大，也夠住了。

碰杯時她調侃，「什麼海景豪宅，晚上睡著都一樣。」

拉倒吧，那能一樣嗎？

比爾・蓋茲退學，但人家退的是哈佛。我等之輩連哈佛大門朝哪都沒見過，有資格退嗎？

「我願意這樣」和「我只能這樣」，這是天壤之別。

沒錯，人無論有錢沒錢，都有煩惱，但是煩惱和煩惱是不一樣的。

這位閨密，她現在的煩惱是：去歐洲出差太頻繁，只有在暑假才能帶著女兒同去；公司計劃五年內上市，後續的融資計劃還沒敲定；精英人才短缺，獵人頭招聘總不給力……

我說，如果換成你十年前的條件，你現在恐怕要操心能不能買到學區房，孩子的戶口落哪裡，父母醫藥費的報銷比例那麼低，進口藥能否一直吃得起……

你看，煩惱是有貧困標準線的。

同樣，幸福也是有貧困標準線的。這個年代，我們這些女人，最好別指望嫁個男人就能

「他負責賺錢養家，你負責貌美如花」。

生活品質的提高，撫養老人的義務，撫育孩子的責任，從來都是夫妻共責。

我相信平平淡淡也是真愛，但前提是，先滿足生活品質的基本要求。畢竟，卓文君跟司馬相如當壚賣酒，並沒持續多久就被有錢爸爸接回家了。

故事裡，王子和公主從此過著幸福的生活，只要不鬧出什麼亂子，有城堡田地不動產，小日子是沒問題的。而為了生計奔波掙扎的人們，隨便生個病都能讓你一夜生活巨變。

想到這些，是不是幡然醒覺：這世上除了生死和賺錢，別的都是小事。

網路上有一段經典的話：忙是治療一切神經病的良藥。一忙，也不傷感了也不八卦了，也

不花痴也不謾罵了，平靜的臉上無悲無喜，只隱隱約約寫了一個「滾」字。

真的，女人的矯情，太多都是閒出來的。

那些又美又忙又有錢的女人，絕不會浪費大把時間花在無用的情緒上。描寫五個女孩生活及友誼的電視劇《歡樂頌》裡，主角之一的曲筱綃家財萬貫都能開著小福斯，白手起家，從頭創業。過年時，她一個人飛到國外找生意。談客戶，她準備資料，不眠不休，全程陪同。

最怕的不是富二代，而是富二代比我們更努力啊。

賺錢最大的意義，是讓你不必因為錢而接受不愛的，也不必因為錢而離開真正愛的。

So，你還要繼續把時間浪費在「他為什麼不愛我」的追問上嗎？

你還要繼續把光陰消耗在為賦新詞強說愁的扭捏上嗎？

你最應該做的，難道不是活在當下，好好賺錢嗎？

作家劉瑜曾經說過一段話：「女性都太容易沉溺於愛情這檔子事了。得不到愛情時就天天嘆息，失去了更要嘆息，就是得到了，也不知道怎麼搞的，好像總不是她想得到的那個。從十幾歲到幾十歲，個個都是職業戀愛家，每天翻來覆去講她那點破事……有時候我真搞不清女人是真的被上帝陷害成這樣，還是用愛情來逃避更大的社會責任與更浩瀚的自由。」

簡直不能更贊同。

關於愛情，有人說：你不要找，你要等。有人說：你不要等，你要找。

被搞糊塗了的妹子一個勁地問：「我到底該找？還是該等？」

我只想告訴你：願意找就找，願意等就等，別耽誤賺錢就行。

一個女人真正成熟的標誌，就是分得清愛欲、情欲、物質欲，雙管齊下，多腿並行，懂得了人生苦短三萬天，再也顧不上瞎矯情。

男人不愛你，你輾轉反側，夜不能眠。

可有那麼多錢還沒賺到，你是不是更該急得睡不著覺？

女人太缺乏那種「見錢眼開」的精神了。

別急著問我怎麼能賺大錢，我沒有一夜暴富的祕笈。

我只能告訴你——**把你為情所困的時間，用在學習上。把你為愛痴纏的精力，用在工作上。把你柔腸百轉的工夫，用在勤奮上。把你糾纏硬撞的勁頭，用在精進上。**你的收入，起碼能比現在翻上一倍。

愛情是錦上的花，有所附著才鮮豔。矯情是雪裡的炭，燒完就只剩灰了。

相信我，你把自己活成錦，男人、愛情、友情都願意來給你添上花。

愛情中比窮更可怕的是男人沒有擔當

先定個小目標吧，要踮踮腳、要努努力，才搆得到。那是一顆顆帶著希望的鵝卵石，看似不起眼，存多了，就能鋪成通向未來的路。

多年前有人問我，是什麼讓我苦撐八年，熬過艱難的遠距離戀情，最後捨棄一切奔赴青島，與初戀走進婚姻。我未曾細想，大致覺得，就是因不捨這份感情吧。

直到前段時間搬家，一張紙從一大包陳年舊信裡滑出，那是十年前，在我們遠距離戀愛面臨艱難抉擇的階段，老公做的一張計劃表。

那時我們沒有房子，沒有錢，除了青春一無所有。我又是一個徹頭徹尾的悲觀主義者，青島的繁華喧鬧、不可企及的房價、高昂的生活成本、工作調動的難度，一連串的困難，件件都是橫在面前的高山大河，讓我憂心忡忡。誰也不知道怎樣才能結束這種日子，才能走在一起，安下一個家。

在我最焦慮遲疑的時候，他寄了這封信給我。

理科男用盡畢生所學，做了一份關於未來的規劃表，包括我們目前的收入及未來五年的增長幅度，他考上研究所後的發展機會和空間，三年內租房與買房的成本估算、利弊分析、壓力風險，關於我和未來孩子的戶口解決，關於以後購車的預期和打算……

另附一張卡片：讓你相信我的愛只肯為你勇敢。

結婚近十年的今天，我才意識到，當年他定的這些計劃和目標，是我們風雨飄搖裡的定海神針，讓我看見未來有微弱的光，而為了這束微弱的光，我甘願與他吃很多的苦，走很長的路。

後來的若干年，儘管我也有過諸多抱怨和不滿，但回望來時路，我們的確靠著點滴微小的努力，在這城市扎根生存，調動工作、解決戶口、買房買車、養娃盡孝，把小家一點點置辦起來，把生活一天天過起來，把苦日子變甜，將人生升級。

我很少看情感調解節目，去年偶然看了一季。女孩與青年都是北漂族，他鄉遇老鄉，彼此關照，便水到渠成地談起戀愛。

女孩勤勞樸實，踏實能幹，兩年半的時間在公司做到了小主管。青年跳了三次槽、轉了兩次行，仍不盡如人意。女孩嫌他不可靠，提出分手，青年傷心又憤怒，「你自己混好了就嫌我了！」

節目現場，女孩不卑不亢地和盤道出，「我不在乎你窮，也不是因為我自己有了發展就看不起你。但你這兩年時間，什麼工作都虎頭蛇尾，半途而廢，成天說自己會賺大錢，早晚能發財，但你做了什麼呢？在公司被主管念兩句，就跟人家吵架然後鬧辭職。朋友介紹你去當保全，你嫌職位低，說朋友故意給你難堪。你眼高手低還總想著發大財，我就受不了你這點。」

青年反駁，「當保全有什麼前途？現在做什麼不是都要講平台？我不是正忙著拓展人脈嗎？」

大螢幕上打出一張照片，青年坐在車裡，戴著墨鏡，手握方向盤，乍一看還挺有模有樣。

主持人問：「已經買車了是吧？」

女孩拆穿，「拉倒吧。他成天去汽車展示中心閒逛，一有機會就鑽進車裡自拍，然後發朋友圈貼文。」

青年辯解，「出去交朋友不是得有身分嗎？否則誰跟你交往啊？我就不能包裝一下自己嗎？」

……

後面我沒再看下去，敢肯定的是，想復合肯定沒戲。

不管是不是節目為了收視率找來的演員，至少我認同這個觀點：**不可靠的空想青年，愛不起。**

男人都有英雄夢。他們渴望未來的自己呼風喚雨無所不能，香車寶馬，遊艇豪宅，自己的女人就是夫貴妻榮的闊太太。

這樣的夢偶爾做做無妨，但醒來總要正視現實，回歸平民身分，該奮鬥就奮鬥，該加班就加班，該吃泡麵就吃泡麵。

女人對男人的絕望，全都來自於看不到希望。

那個宣稱愛你愛到骨子裡的男人，任你生理期時，雙手浸在冷水裡洗一堆狼藉杯盤，自己抹抹嘴就去玩遊戲。

這個聲稱一定要將你娶回家的男人，不進取，不儲蓄，不開源，不節流，只顧自己得過且過月月光。

這個發誓讓你過好日子的男人，對未來不設目標，毫無規劃，盲目堅信車到山前必有路。

也許他的愛是真的。但他對現實的懶散逃避也是真的。

劉若英的歌裡唱：想要問問你敢不敢，像你說過那樣地愛我。

一個女人與一個男人白頭到老此生不渝的決心，絕非一瞬促成。她執子之手與子偕老的決定，來自於共同奮鬥的路上，點點滴滴的希望、溫暖和感動。

可惜，那些看似雄心壯志抱負滿滿的人，不過是一個只會吹牛打屁誇海口的無能鼠輩。他們貌似志向遠大，其實是逃避現實。他宣稱愛你如命，卻天天睡到日上三竿。他以為自己是有朝一日同風起的上古神獸「鯤鵬」，實際上只是邋遢的鬣狗，懶洋洋啃噬愛情的腐肉。

給不了你現在的人，同樣給不了未來。

女人的心死，根本不是因為對方窮。比窮更可怕的，是那個滿口是愛的人，不思進取，不做努力，不為愛付諸任何行動。

這世上，的確有處心積慮憑藉嫁人就此躍入豪門一夜逆襲的鳳凰女，也有絞盡腦汁釣上有錢的氣質美女變身乘龍快婿，從此改寫命運的窮小子。可更多的，還是你我這般平凡的紅塵男女。

愛情進入成熟模式，兩人就必須要有共同的目標、方向和擔當。我們眼中的過日子，小到發了薪水添置一對新杯子，大到存夠首付買一間新房子，人生的小確幸，無非是由一次次攻堅克難後實現小目標的成就感組成。租房照樣能結婚，沒錢可以一起賺。我看中的，是你對未來有規劃，這規劃裡有「我們」。

我很佩服公司一個年輕人，小倆口皆來自外地，無所依傍，他們給自己定下目標，幾年內收入達到多少買房、年薪達到多少購車，然後為這個目標加班、充電，儲備積蓄和能量，在這陌生城市付出胼手胝足的努力和比常人多百倍的打拚，終於築起小小愛巢，遮風擋雨生火做飯，日子過得熱氣騰騰。

《荀子》的〈勸學篇〉裡說：不積跬步，無以至千里；不積小流，無以成江海。騏驥一躍，不能十步；駑馬十駕，功在不舍。

我發現那些**有能力讓自己幸福的人，從來不誇海口，不打妄想。他們腳踏實地規劃未來，將大藍圖拆解成階段性小目標，一點點靠近和實現**，像春燕銜泥，像螞蟻啃骨。

如今的我，早已沒有了少女的虛榮與虛妄，沒有天上掉餡餅悶聲發大財的幻想，更沒有功成名就彪炳歲月的野心。認認真真工作，踏踏實實寫作，賺安心的錢，睡沉穩的覺。要求自己每天進步一點點，每年提升一個台階。

無論愛情或婚姻，羅馬城都不是一日之功。那些高喊著死了都要愛的小情侶，**別光空口說愛，你肯為愛付出多少呢？你為愛的人做過什麼呢？**

別畫餅充饑，也別望梅止渴。先定個小目標吧，要踮踮腳、要努努力，才搆得到。那是一顆顆帶著希望的鵝卵石，看似不起眼，積累多了，就能鋪成通向未來的路。

不積跬步，無以至幸福。

花錢方式跟你不一樣的人，千萬別結婚

戀愛是琴棋書畫詩酒花。
結婚是柴米油鹽醬醋茶。

有個很會寫故事的閨密在群組裡轉發了一句：「我已經不是那個花兩百塊錢也要考慮很久的小女孩了……我現在連二十塊錢都要深思熟慮。」我們齊齊發來喪心病狂的「哈哈哈」表情包。

笑過之後，突然想起一件事——曾有個女孩對我說：「姊，你知道嗎？兩個人在一起，比起賺錢多少，花錢多少更讓人心煩。」她結婚不到一年就離了，原因就是**永遠無法契合的消費觀。**

戀愛時，她知道男方是窮苦出身，非常儉省，消費極低，他的節儉，在她眼裡是難得的美德。

結婚後卻發現，他不只是節儉，簡直是摳神：能不買的，堅決不買。能占的便宜，絕不放過。能不花的錢，打死不花。

她希望住市區，生活上班都方便；他要求住郊區，房租可以省一半。她買一串衛生紙，比超市促銷貴二十塊錢，被他數落了一下午。他不肯裝寬頻，說偷用鄰居家的網就夠了……

最後她說：「我必須離婚，我不想變成和他一樣，花二十塊錢都要深思熟慮的人。」

我們常說，三觀（世界觀、人生觀、價值觀）不合的人，不要結婚。

怎樣才算三觀相合？我們這種凡夫俗子平頭百姓，不是天天都要討論江山社稷國計民生，也不是時時需要探討馬克思文史黑格爾。兩個人合不合適，落實到過日子的細節上，無非就是——吃飯吃得來，聊天聊得來，花錢花得來，床上啪得來。

花錢這事，太有必要聊一聊了。

前些天收到一個女孩的留言，男朋友對她挺好的，唯一讓她不悅的就是，每次一起出去吃飯，他只點很便宜的菜，花費從不超過一、兩百塊錢。女孩覺得應該吃得稍好一點，同時也感覺自己不受重視，在他這裡好像只值一、兩百塊錢，很鬱悶，很糾結。

平心而論，男方節儉有錯嗎？並沒有。女孩講究品質有什麼不對嗎？也不是。差別在於，**他們對消費的定位和要求不同。**

男朋友未必是認為女孩只值一、兩百元的快餐，他只是覺得吃飽穿暖乾淨衛生就挺好。女孩也未必就多麼愛慕虛榮炫富裝闊，她只是認為有條件就應該花錢買享受買情調。

我們都聽過很多關於「愛與金錢」的道理，比如：捨不得花錢的人就是不愛你。男人的錢花在哪，心就在哪。檢驗真愛的標準就是看他肯不肯給你花錢……

一個人的金錢觀和消費觀，是三觀裡不可分割的組成部分。戀愛時，花錢貌似只是一種習慣，在情侶眼中不是大事。結婚後，你會發現，每一次消費都可能成為刮腳的石頭。

連花錢方式都跟你不一樣的人，結婚一定要謹慎。

戀愛是琴棋書畫詩酒花，結婚是柴米油鹽醬醋茶。前者成本低，感情大過天的時候，不花錢也勉強能玩得轉。後者太現實，任你們多相愛，標價上的數字從不會少一分。

在消費觀念上大相逕庭的人，基本可以預見，未來的路上，有大大小小無數戰爭在等著你。

小時候，我經常聽隔壁鄰居夫妻吵架，男人大罵女人敗家，我原以為她買了什麼奢侈物件，後來才知道，只因為女人用一盆新水洗腳。在男人看來，水就應該是洗過臉、洗過手、洗過毛巾，快成一盆渾湯時再用來洗腳。用一大盆乾淨水直接洗腳，簡直是暴殄天物。

這事看似是衛生習慣，其實背後是金錢觀。

男人節儉到骨子裡，水電費都要一分一分地省。女人活得講究又愛美，花個千百塊燙髮、買平價襯衫，件件都能成為他們日夜爭吵的導火線。

前幾年，我曾問一個女性朋友，「情人節，男人不給你買九百九十九朵玫瑰，你會生氣嗎？」她當場跳起來，「他要敢買，我才生氣呢，腦子有病啊，一萬塊錢買一堆破花！能吃能喝還是能穿？」

那一刻我明白了她幸福生活的根源，不是男人肯為她花多少錢，而是這個男人的金錢觀，恰好與她一致。他們經濟條件並不差，但夫妻二人都是實用主義者，對花稍的東西一概沒興趣，兩口子最大的愛好就是存錢。我們嘲笑他們不懂享受太老土，但對他們，這就是恰到好處的幸福。

我還有一對夫妻朋友，跟上面這對正好相反。兩人都是享樂主義：哪裡開了新館子，一定第一時間就要去大快朵頤；iPhone出了新品，立即換代，人手一部；在可承受範圍內，購物一定買品質更好、價格更高的那一款。他們也並非有錢裝闊，只是擁有一致的消費觀：享受花錢帶來的快樂。

而花錢方式不同的人呢？

女人買一瓶幾百元的面霜，男人能心疼到吐血，幾十塊錢的雪花膏怎麼就不能用？男人買一雙Nike球鞋，女人能咒罵到半夜，這比國產的好在哪？你好幾年才買一個名牌包包，他質問你憑什麼這麼敗家。他只不過想要一只運動手錶，你說這破玩意換成白米能吃半年。太累。

不是所有愛花錢的女人都是拜金女，也不是所有節省的男人都是守財奴。**結婚，經濟條件是一部分考量標準，更重要的是，要找那個跟你是「一套」的人。**你慷慨，他也大方；你儉省，他也節約。像螺栓配螺母，兩個人在一起才不勉強，不委屈。這是幸福的前提。

當然還有一些極端情況，與消費觀無關，本質上就是自私。如何判斷？看他對自己和對對方的尺度是否一致。**自私的人，都是對自己大方，對他人小氣。**

男人花天酒地揮金如土，卻捨不得給老婆買一件像樣的品牌；女人逼男人節衣縮食辛苦打拚，自己卻偷偷給娘家塞錢。這種人，不能嫁，不能娶。

很多女性，中了「不花錢就是不愛我」的魔咒，彷彿男人只有肯為你傾家蕩產，才能表明他的真心。而很多男人呢，生怕女人虛榮拜金只圖錢，巴不得天下女人都立志嫁給窮光蛋，才能把吃苦耐勞勤儉持家的傳統美德發揚光大。這都是極端。

錢很重要，而更重要的是匹配。

有人視花錢為快樂，有人把存錢當幸福。都沒有錯。

只有金錢觀匹配的人，才能為愛情加分，而不是一個生怕「人死了，錢沒得花了」，另一個卻在擔心「人還在呢，錢卻沒了」。

我不想你結了婚才懂得，愛比嫁難多了

嫁，只是一瞬的決定。
愛，才是一生的踐行。

女孩坐在我對面，臉上掛著複雜又矛盾的神情，看似平靜，其實並不淡定，貌似理性，其實是種絕望。

她開口，「姊，實在不行我就嫁了吧。這麼拖下去也看不到頭。」

她說的「嫁了」的對象，是一個相親認識的男人。不覺得有多好，也似乎沒什麼大毛病，兩人不鹹不淡不冷不熱地處了幾個月。

「你倆相愛嗎？」

「相親認識的，不都那麼回事嗎？什麼愛不愛的，能有多愛？就算愛，結了婚不也都那樣嗎？算了，就這樣吧。」

我嘆口氣，女孩啊，你真的不懂，**愛這件事，其實比嫁難多了。**

十年前我經濟條件有限，買衣服熱衷於逛外銷成衣店、夜市和路邊攤。很多小店像倉庫一樣，出口轉內銷的瑕疵尾單堆成山。一、兩百的上衣，兩、三百的羊毛衫，就算有點小問題，總覺得ＣＰ值頗高，買到即是賺到。

我每次買回家之後都要進行二次加工。不是哪裡開了線，就是某處染了色，要麼穿一次就全身起毛球，要麼洗一次水就鬆垮走形。時間一久，衣櫃存了一堆不穿可惜、穿了不甘的雞肋。

既不喜歡，也不適合。那當時為什麼要買呢？

因為當時誤以為：應該可以，還挺好的。

而事實上，當你不情願地穿上的時候，那種委屈，不甘，隱隱的自卑，莫名的憤懣，潮水一樣將你淹沒。

買地攤貨的時候，我們常有種占便宜的快感，但買回來之後，發現它並不好穿。你會挑剔它質感不夠好、版型不夠潮，你會嫌棄它做工不精細、布料不挺。

穿衣服尚且如此，更何況是婚姻呢？

因為他是一個好人，因為你覺得他適合結婚，你以為結了就是賺了，實際上，虧大了。

愛情不是施捨，婚姻也無法湊合。

嫁一個不愛的人，比圖便宜和省事買回來的衣服，後果嚴重得多。

日日夜夜，如鯁在喉。

勉強為之，頓覺苟且。

女孩說：「或許也可以先結婚後戀愛吧，我們父母那一輩不就是嗎？沒什麼感情基礎就結婚，也照樣過完了一輩子。」

不，那太難了。

我們的祖輩和父輩，的確很多都是先結婚再戀愛的模式，靠著天長日久過日子，慢慢培養出感情，可你要明白，那種老套的婚姻模式，是有現實背景的。

對於我們的祖輩，婚姻解決的是生存問題。誰家的女兒嫁不掉，簡直是娘家的恥辱，幾乎要活不下去。女人作為男權附屬品，只有嫁入夫家，生兒育女，完成繁衍義務，才能實現生存價值。

對於我們的父輩，婚姻解決的是生活問題。過日子，有個伴來得更實際。飯一起吃，錢一起存，孩子一起養，就是能比一個人單打獨鬥要寬裕，這是實實在在的ＣＰ值。

婚姻在不同時代，意義和作用是不同的。

所以在舊時代，結婚就是生孩子、過日子，感情並不是第一位的考量要素。

但今天不是這樣了。我們都具有極高的情感需求和精神需求，這條路，注定行不通了。對於現代婚姻，應該是一個你情我願，兩情相悅，水到渠成的過程。

嫁，真的是件很簡單的事，眼一閉心一橫，一咬牙一跺腳，紅印一蓋，無名指的戒指一套，你的身分就從此成為「已婚」。

可是愛，卻從不是一件容易的事。

感情可以透過後天培養，可沒經歷過戀愛過程，沒說過海枯石爛的誓言，沒聽過綿綿不絕的情話，沒感受過電光石火的時刻，太過務實、不得不選的婚姻，成為一個你必須完成的任務，而不是愛到深處的決定，也不是情深義重的選擇。

歌裡唱：愛一個人好難。

愛一個人不難，一輩子愛一個人太難。

此生漫漫，夜濃路顛。

戀愛，像吃一頓饕餮大餐，兩個人激情萬丈、大快朵頤、胡吃海塞，酣暢淋漓。

結婚，成為家常小炒，戀愛時的骨頭還殘存著肉，加上油鹽醬醋，再有滋有味地啃一啃。

年老後，依舊是這盤啃剩的骨頭，燉個湯，補補鈣，相攜相扶，十全大補。

只有真正擁有過愛情，才能這樣一路走過來，熬過柴米油鹽的瑣碎，抵過雞毛蒜皮的齟齬。

沒有愛情而走入婚姻，寄希望於被時間培養出一線感情，不是不可能，可這感情注定像早產的孩子，身嬌體弱，先天不足，抵抗力低下，難以抵禦現實的風霜雪雨。

我對那女孩自嘲，「你看看我，當初愛得山崩地裂非他不嫁，婚後還不是照樣千頭萬緒焦頭爛額，你還敢隨隨便便把自己扔進不負責任的婚姻嗎？」

這是真心話。

我也曾失望過灰心過，爭吵過痛哭過，但想起那些有過的甜蜜、共過的親暱、無保留的交付、無條件的信任，就願意讓自己再往前走一步，去溝通去經營，去改進去包容。只有愛，才是引導我們破除萬難、寬容慈悲、走向成熟的原動力。

我們太習慣把「嫁」當作人生大事。

其實，愛才是。

真心實意、全情投入、浩浩蕩蕩地愛過，才是無憾的人生。

嫁，只是一瞬的決定。

愛，才是一生的踐行。

親愛的女孩，這個道理，我不想看你在痛過、悔過、蹉跎過之後才懂得。

男人都不知道，女人其實多好哄

被婚姻打磨過幾年的女人，要的並不是那種濃膩到不行的甜言蜜語。她真正想要的，是這個讓她付出操勞的男人，對她的關注、理解和珍惜。

朋友小聚，戚哥帶嫂子一起。席間小酒一喝，男人們很快就嗨起來，嗓門越說越大，話是越講越誇張，大有不醉不歸之勢。戚嫂臉上陰雲漸起，憤憤對我說：「真煩他，一喝酒就沒完沒了地胡謅八扯。」

見戚嫂不悅，我們趕緊維持秩序，趕緊找點男女共聊的話題。然後，就一竿子指向了生老二的大計。朋友問戚哥，「不考慮生個老二嗎？你們這年齡正合適，老大也上學了，人家好多四十多的都要呢！」

「來來來，喝完這頓都戒酒，回家封山育林。」大家七嘴八舌地調侃起來。

戚哥沉默幾秒後，搖頭，「不要了，說什麼也不能讓我老婆再受那個罪。」

原來，戚嫂當年生產過程極為波折。宮縮近四十個小時，疼得死去活來，好不容易產下三千八百克的兒子，戚哥在產房門外，還未等笑逐顏開，緊接著被醫生告知胎盤粘連，必須緊急剖腹取出。手術本不複雜，卻又意外大出血，醫生搶救了三個小時，才把戚嫂一條命從鬼門關上拉回來。

我轉過頭，看見戚嫂原本緊繃的臉一下子柔軟下來，眼裡竟然蓄了淚。

女人的心，就是這麼軟，一句暖話，再硬的個性，再倔的脾氣，也瞬間融化。

兩年前，我在北京新書分享會上第一次見沈總。在此之前，我們透過網路已有過多次交流。他是我為數不多的男讀者之一，一家電商公司的老闆，兩個孩子的父親。

沈總的大兒子已十幾歲，正值叛逆青春期。某次因一點小事無理取鬧，向媽媽大發脾氣，沈太太很委屈，又拿半大孩子無可奈何。這個關口他站出來，嚴厲地批評了兒子，並要求兒子向太太正式道歉。

兒子很倔，起初不肯，沈總嚴肅地說：「**她是你的媽媽、我的老婆，我從來都沒有用這種態度對過她，你憑什麼可以？你心情不好，衝媽媽發火，可你想過沒有，你的媽媽已經沒有媽媽了，她受了委屈向誰說？**」兒子沉默半晌，最終認錯，向媽媽誠懇道歉。

他向我講了這事，讓我感慨良久。一件看似尋常的家庭小事，一個男人的寥寥數語，看似只是一個父親管教孩子的威嚴，而在另一個層面，卻是給妻子無限的尊重和支持。

沈總說，他明顯感覺到，自那次事件之後，太太對他更加理解、更加體貼，老夫老妻的感情，沒想到在中年竟又得到一次昇華。他坦言，在此之前，他完全沒有想到，這件事會帶給妻子如此之大的感動。他自己也受到了前所未有的觸動，做了近二十年夫妻，才知道女人心底，對這些細膩的體恤，竟是如此需要，如此在意。

所有關於親密關係的課程中，都會提到「愛的五種語言」，其中排第一位的，就是「肯定的言詞」。認可、鼓勵、讚美、感謝——這些話，我們對外人張口即來，易如反掌，換作對婚姻伴侶表達，卻千難萬難。尤其讓直男來說，簡直是難於上青天。

語言表達方面，他們有先天的劣勢。有研究數據表明，女人一天大約要說兩萬字，而男人只有七千字，在總量上先被ＰＫ了下去。而最關鍵的是，他們並不懂，這些話對女人有多重要。

我曾經直言不諱地問過我家的直男老公。

他認真地答：「你不是說過，你們早過了耳聽愛情的年紀嗎？」

早個頭，我是說**我們到了熟女這個年紀，不光聽語言，還要看行動，並不是說我從此就聾了啊！**

作家李碧華曾說：一個女人，要有多少愛，才甘願站在廚房邊把那堆碗洗乾淨。

說到底，被婚姻打磨過幾年的女人，要的並不是那種濃膩到不行的甜言蜜語。

她真正想要的，是這個讓她付出操勞的男人，對她的關注、理解和珍惜。

網路上有個小故事：當男人失敗的時候，歐美女人會說：嘿，其實你做得不錯！日本女人會說：某某君，請加油！中國女人會說：沒用的東西，這都做不好。然後呢？歐美女人很快有了別的男人，日本女人趁年輕去拍電影了，中國女人卻一直陪著她們口中的傻瓜奮鬥下去。

客觀地說中國女人有很多缺點，既沒有日本女人溫柔，也不如歐美女人獨立。但她們有東方女性最傳統的優點：善良、無私、不保留。她們對感情全情投入，對家庭全力以赴。

也是因為這樣的全心付出毫無保留，讓她們可氣又可愛。

一邊像小學生一樣，滿含期望盼著得到一句表揚，一句肯定。一邊又故作冷漠，啟動反向驗證——「反正你就是不愛我，你心裡根本沒有我，我對你一點也不重要。」

男人懂了嗎？每當這個時候，她在等的，是你當機立斷、堅定不移、雷厲風行的否決——「誰說的？你最重要！」

看，女人就是這麼好哄。男人覺得女人難哄，多半是沒哄到點子上。馬屁拍到馬腿上，誰能爽？

那些腦殘偶像劇裡的情節，動輒一把抓過來壁咚激吻，戀愛階段玩玩還可以。已婚女人沒人稀罕這套，就跟她不再相信朝霸道總裁身上潑杯水，就因率真而被愛上一樣。

直男們啊，這才是哄女人的最高段數——先化解委屈，再表達深情。

若你曾經讓她傷過心，願你從此學著長點心。

女人對男人的絕望，
全都來自於看不到希望。

我不出軌，不是因為沒機會

婚姻中的人，無論男女，不出軌，不是因為沒資本，更不是因為沒機會。而是因為，我對道德有要求，對人生有約束，對欲望有管理，對婚姻有自律。

某個深夜，一位女性朋友傳訊息給我，話題毫無新意——她疑心已久，終於確認老公出軌了，是跟公司的年輕祕書搞在了一起。確鑿證據面前，男人竟然毫無愧悔，毫不掩飾，還放出狠話，「拚事業的男人，哪個在外面沒點事？有本事你也出牆。」

朋友氣昏了頭，竟然真的去下載了某著名約炮ＡＰＰ，恨恨地對我說：「媽的，他以為我出不了牆嗎？我就真出一次牆給他看看！」

我說：「你打住。」

這是女人最愚蠢的報復。

他渣、他爛、他無恥、他沒下限，憑什麼你就要去比爛？

千萬別上他激將法的當。

他已然把出軌視為「成功」的標準配備，有本事、有能耐、有錢才能出軌，而自己家中這個難下堂的糟糠之妻，脫光了也不會有人搞。所以他敢猖狂，敢肆無忌憚，敢叫囂「有本事你也出牆」。

這厚顏無恥簡直刷新了渣男新境界。

其實這年頭想出軌，女人比男人容易一萬倍。不用看錢，也不用看臉，酒吧裡眼神一對，飯桌底下小腳一撩，手機上按鍵一點，立馬就實現「同一個世界同一張床」的夢想。

她想給你戴頂綠帽子，輕而易舉。

相識多年的一個大姊，能力出眾，性格要強，在政府機關身居高位，說一不二。姊夫在一個基層公家單位，能力平平，多年未晉升，加之所屬職位無甚實權，只是按部就班地拿固定薪水。那幾年，大姊事業一帆風順，家裡家外都是姊夫一個人在忙，接送孩子上學放學，輔導作業。大姊平步青雲，天天忙得顧不了家。有人提醒她：四十左右是男人出軌高峰期，要防微杜漸。

她一臉的不以為然，「就他?沒錢沒權沒本事，跟誰出軌？」

直到一個週末，姊夫很嚴肅、很正式地告知她，他把家中的小保母辭退了。因為那女孩趁大姊不在家，三番兩次地暗送秋波。

大姊從那時起，徹底轉變了對姊夫的輕慢態度。

他不是不能，他是不願——不願傷害一個人，不願破壞一個家。

萬丈紅塵七情六欲，**想出軌的人，只有「欲望」這一個原因；肯克制的人，只有「責任」這一個緣由。**

二〇〇七年，我在分隔兩地的狀態下結了婚。一結完，馬上收到許多好心的提醒：

「男人得看住了，否則他自己會玩野的！」

「青島小妞又漂亮又精明，你不守在身邊太危險了！」

「別以為結了婚就安全，男人都得靠管！」

……

我嬉皮笑臉地回他們，「我覺得我也又漂亮又精明，他應該比較擔心我吧？」

並非我過分自信，我只是覺得，如果我對這個已然成為我丈夫的男人，對我們八年相戀的感情，對我們相隔三百公里的距離如此不放心，還得如此提心吊膽，靠看住、靠嚴防、靠死守，才能防住他偷腥出軌，那這個婚我結個鬼。

動輒就管不住下身，還宣稱「犯了天下男人都會犯的錯」，這種人，古代稱為浪子，現代叫作渣男。

出軌從來不是什麼能力的象徵和成功的標誌。

婚姻是場馬拉松，看誰更耐跑。

這就是為什麼，我們一再強調女人要獨立、要強大、要不停成長。這從來都不是為了拴住男人，讓他永不出軌。那些號召讓女人保住青春，用伎倆讓男人欲罷不能的勵志雞湯，都是扯淡。一個人堅持健身，不是為了去拿奧運金牌，而是要在病毒來襲、流感爆發的時候，比別人有更多扛得住的資本。

我們讓自己變美麗、變自信、變富有，所有這一切，都是為了自我強健，自我增值。花好月圓的時候，我能與你細水長流，圍城塌陷的時候，我能選擇讓你痛快地滾，或是我瀟灑地走。

我不是女權癌。婚姻面前，男女平等。所以我並不提倡「你敢出軌，我就敢劈腿」的論調。

我不劈腿，不是因為我不敢，而是因為我不屑。

我知道這一步一旦邁出，就是對我原則的顛覆。

我知道這個底線一旦突破，就再也難得圓滿。

你得了不該得的，就得付出不該付的。你見歲月他放過誰呢？

不出軌，是一個有道德底線的人對自我的要求和約束，這不是什麼值得稱頌的事，但，這也絕不是可以被出了軌的渣男渣女拿來鄙夷和嘲諷的事。

前段時間在外地，晚上跟兩個閨密同住飯店，三個女人一台戲，有色故事滿天飛，各種重口味，各種沒遮攔。

過足了嘴癮之後，其中一姊妹感嘆，「唉，光聽我們三個人的談話，別人還以為我們不知搞過多少男人，上過多少床，玩過多少花樣。可事實上呢？我們統統都是語言上的老司機，行動上的大廢人！」

我笑到岔氣。這形容，簡直不能更精準了。

但誰都知道，我們但凡想出事，機會遍地。這跟敢不敢沒有半毛錢關係。

婚姻中的人，無論男女，不出軌，不是因為沒資本，更不是因為沒機會。

而是因為，我對道德有要求，對人生有約束，對欲望有管理，對婚姻有自律。

這是我作為一個人，對自己的忠誠。

即使有一天，你我夫妻緣盡至此，恩斷情絕，我依然讓自己清白、磊落、坦坦蕩蕩地離開，去遇見下一份愛。

我還是願意理解並尊重那些選擇原諒的女人。婚姻本就是件求仁得仁的事。

但若讓我選，我也選**「回家就好」——我說的是，帶著你的行李，回你媽家就好。**

眼淚有用的話，還要腦子幹麼？

種一棵樹最好的時間，一是十年前，二是現在。止這場損最好的時間，一是未嫁前，二是現在。

傾訴聽多了，我發現，痴男怨女的感情問題不外乎四大類——你愛他他不愛你、他愛你你不愛他、你們彼此相愛卻不能在一起、你們互相不愛卻只能在一起。

在已婚女人團體中，我被問過最多的問題就是：「我該不該離婚？」問這種問題的女人，內心都是猶豫不定，狠不下心，迫切希望借別人之口來幫自己做這個艱難的決定。我其實挺理解她們。

我從不輕易勸人離婚，是因為感情內幕太複雜、太紛紜，絕不是一句「性格不合、緣分已盡」就能一語帶過，任憑誰都不能一錘定音。

但總結起來，有些情況確實無力回天，我支持離婚。

一、極品媽寶男

前幾天，一個讀者問我，老公結婚一年多還讓婆婆幫忙洗澡，這日子還能不能過。

我又驚掉了眼珠子。**如果要列「不能嫁的男人清單」，媽寶男首當其衝。**

這類人沒有獨立的人格，也沒有自立的能力，人生自始至終唯一的信仰就是「我媽說」。他和他強勢的母親相互成就、相互依存，演化為一種畸形的依戀。親媽將他據為己有，打死都捨不得放手，輕則給他洗內褲、上痔瘡膏，重則幫他洗澡、哄他睡覺。他自己也樂得享受這種感情，是一個精神上從未斷奶的巨嬰。

他娶你，不是為娶老婆，而是為娶個小媽，並且要小媽同他一起伺候、孝敬他的親媽，你必須溫順恭敬，言聽計從，每天看他們娘倆在你面前花式秀恩愛。

你稍有不順，他便當即翻臉，開場白永遠都是「我媽養我這麼大不容易……」，呵呵，好像你不是你媽養大的，而是大風颳來的。

二、習慣性出軌渣

我並不認為一旦出軌就必須要離婚，很多人在調整、修復和原諒之後，依然有走下去的可能。但**習慣性出軌絕對是渣男的典型特徵。**

他們是偷腥的貓，聞著味就本能地去找，離了這個活不了。他撩騷，約炮，玩弄女人，毫無羞恥和愧疚，他不想控制情欲，也不想管住下體，還要反咬你一口，「你不夠溫柔我才出去胡搞，你沒帶給我溫暖我才被他人感動，你缺少風情我才受了別的誘惑……」謊話連篇強詞奪理講得天花亂墜，就是不認為自己錯。別以為原諒他一次就會終生免疫，你一次讓步，就得次次讓步，你一次忍辱，就要終生忍辱。別以為他只在你這裡才這麼渣，這種人，精蟲上腦是慣犯，就算娶了別人，他軌照出，炮照打，絕不耽誤。

三、重度疑心病

手機安裝監聽設備、提款卡薪資單必須充公，ＱＱ微信密碼無條件公開，不許燙髮化妝塗指甲，看誰都想對你心懷不軌，看你怎麼都像要紅杏出牆……

他不是要你做他的妻子，他是要你做他的奴隸。他將這種變態的控制，自欺欺人地誇張成愛、在乎和珍惜——我太愛你才會這樣，我怕別人傷害你，世上除了我再也不會有人真心對你。他打死不會承認自己自卑、懦弱、嫉妒、心胸狹隘。自己不好過，也絕不會讓身邊人好過。你解釋，他說你心虛。你不理，他說你默認。你要他看精神科醫生，他說你才腦子有病。

四、晚期直男癌

「就算我不是處男，娶老婆必須是處女」、「男人胡搞很正常，女人出軌就是賤」……

這種男人畢生以占領處女膜、搞大女人肚子、拴住女人為己任，以要求女人生出兒子、扼殺自我、三從四德為目標。追你時裝孫子，追到手就當大爺。他的人生觀裡從無尊重，拿你當免費的保母、自帶薪水的鐘點工、光明正大的洩欲工具，以及名正言順的生育機器。他利用你、消耗你，還覺得是你對不起他。這種人自私到骨子裡，關鍵時刻永遠第一個犧牲女人利益。這種人也最代表loser，無力在雄性世界競逐，只敢榨取女人的價值。另外，**他們大概歷史都沒學好，不知道大清已經亡了一百多年了。**

沒錯，這樣的人就不該嫁。但當初自己瞎了眼已經嫁了怎麼辦？

要麼，改造男人。這是一條難於上青天的蜀道。你若無過硬的金剛鑽，攬不起這瓷器活。極大機率是，出師未捷身先死，革命尚未成功，你先變身怨婦。

要麼，及時止損。

這早已不再是拿女人當生育機器的奴隸社會，早已不再是在家從父、出嫁從夫的封建王朝，也早已不是勸合不勸分、寧拆十座廟不毀一樁婚的年代。

對做事，我一直信奉先盡人事，再聽天命。我們最大程度地努力了，竭盡全力地付出了，最後結果成功與否，都沒有遺憾，坦然接受。

但**對婚姻，我不認為盡人事之後就只能聽天命。該溝通的要溝通，該改正的要改正，該包容的要包容，如果這一切都做盡，仍無法繼續這一程，那就不必聽天命了。**

該出手時就出手，該離婚時就離婚。

這時候，一定會有人出來勸阻：為了孩子，忍忍吧，好歹給孩子一個完整的家。

這一招是最好用的枷鎖，首先讓女人敗下陣來。

但事實呢？

貌合神離的夫妻，口口聲聲犧牲自己為了給孩子一個完整的家，而現實裡，生活在離心離德、冷言冷語的家庭中的孩子，始終缺乏安全感和接納感，比離異家庭的孩子更孤獨。兩害相權取其輕，健康的單親家庭，比病態的雙親家庭，對孩子更有利。冷若冰霜、惡語相向、拳腳相加、張口閉口讓對方去死的父母，毀起一個孩子來，比網吧、賭場、夜店的殺傷力大多了。

成年人，首先要對自己負責任。錯了就錯了。試錯之後，就要改錯。

種一棵樹最好的時間，一是十年前，二是現在。

止這場損最好的時間，一是未嫁前，二是現在。

婚姻要磨合。但三觀不合的人，磨一輩子也無法合。

當然，你若沒有勇氣改錯、止損，無法擔負起自己的人生，那我以上的話就是空談，一個字兒也不適合你。

你可以認為男人出軌是他魅力太大，狐狸精太騷，都是一時衝動情有可原，那你就一直忍。

你可以只圖他長得帥、顏值高，器大又活好，那就甘當他的小羊，讓他的鞭子抽打在你身上。

你可以堅信女人的天職就是生兒子，那你就一直給他生，直到生出兒子為止，永世是他的生育奴隸。

你可以覺得他把你拴褲腰上正是愛你的表現，深情似海、愛比金堅，那你就去適應、去習慣。

求仁得仁，就別怨。

但若你心裡有掙扎，有痛苦，視那種生活為煉獄，那離婚，就是正確的路。

別怕引刀成一快，要的是長痛變短痛。

誰也不敢保你離婚就一定能過得好，但你也要知道，一個怎麼都過不好的人，多半是自己身上有致命的缺陷。

你當然可以不離——要麼看誰更強，你比他活得更精采。要麼比誰更渣，你比他演得更厲害。哪一種能讓你更甘心，你就選哪條路。

要麼忍，要麼狠。該留的留，該滾的滾。

別說我怎麼這麼損。**怨婦哭訴聽夠了，我只想問一句：女人啊，眼淚有用的話，要腦子幹麼？**

直男也可以搶救一下

每個女人心裡，都有一顆渴望幸福的種子。
那是與生俱來的柔軟天性，是對愛和溫暖的渴求。

今年公司事情特別多，工作一項接一項做不完，每天一睜眼就頭大。早上盥洗的時候對老公訴苦，「這週我簡直要忙成狗！」

他竟然很認真地跟我說：「不要動不動就忙成狗，累成狗，狗才不忙呢，人家成天都閒溜達、晒太陽。你知道狗多鄙視你嗎？這世上沒有任何一種動物能忙得跟人似的！」

雖然這話有理，但我還是很不滿意。誰要聽你這套廢話啊？標準答案難道不應該是「老婆你辛苦了，今晚我幫你盛熱水，好好泡泡腳」嗎？

說實話，直男的腦迴路奇葩到什麼程度，是女人無法想像的。

就如同，女人的心思細密到什麼程度，也是直男始終不懂的。

結婚十年，我數不清有多少次被這個蠢直男氣出內傷。

孩子小的那幾年，日子過得又辛苦又煎熬，吵架是家常便飯。有一次，冷戰半個月後剛剛和好，晚上兩人躺床上閒聊，我心有不甘，想讓他哄，就找碴問了個問題，「如果咱倆離了，你會再婚嗎？」

女人用腳趾頭想想都知道，我是想聽堅決否認的答案啊！

可這個少了根筋的傢伙竟然說：「不知道啊，也可能會吧，我還挺喜歡小孩的，再生一個也挺好……」

然後，他就被踹到床底下了。然後，新一輪冷戰緊接著開始了。你們懂的。

直男就是有這個奇葩本事，能讓你跟他聊天五分鐘，冷戰半輩子。

全世界的女人都想問同一個問題：那些活活把人氣死的直男，還有搶救一下的必要嗎？

以我的親身實踐來看，我覺得，還是有的。

對付直男，就得先修練自己。

我總結了**三大神器：三寸不爛之舌，先發制人之魄力，百川歸海之胸襟。**

．首先，你得會說

笨嘴拙舌的女人，只能被直男氣成內出血。而伶牙俐齒的女人，這種時候就明顯有優勢——輕鬆把他堵回去。

有一次，我在老公面前調侃自己胸小。但凡有點腦子的人都知道，這種事，女人絕對是只允許自己自嘲，絕不允許他人嘲笑啊！

我家直男竟然跟著一起聽嗨了，大肆討論起來，「廣告裡那女的說乳溝兩指深，你比她厲害，你是橫著四指寬啊哈哈哈哈哈……」

誰說直男的ＥＱ是缺陷，明明是天坑好嗎！

幸虧我機智的雙眼早已看穿了一切，直接把他堵了回去，「你娶了個飛機場，也不用天天打飛機來配合啊！」

他抓狂，說我是釣魚式執法。

．其次，你得先聲奪人

我跟著老公參加過一次他們「飯醉團隊」的聚餐，直男成員們都帶了家眷。僅此一次之後，他們就再不提家庭聚餐這事了。

我忍不住問他，他直言不諱，「對啊，認識認識就行了，本來也沒打算總讓你們去啊，否則我們怎麼混。」

我立即說：「你說得對，老婆嘛，露個面知道誰是誰的就行了，認清正宮，街上見了知道該叫誰嫂子，以後帶去的都是妖豔賤貨，這樣不會記錯也不會搞混，這麼智慧的主意，一定是你想出來的吧，厲害啊……」

他氣得無語凝噎，「你那腦子一天天的都在想什麼……」

・最後，你得有心胸和肚量

我曾經說過，跟直男認真，你就輸了。要是跟他們鬥氣，你隨時都可能腦溢血。

包容他們的傻，接納他們低成負數的ＥＱ，給出必要的引導和指導，這才是當直男老婆的必修課啊！

平心而論，我們得承認，女人提的大多數問題，根本都是無解的。

比如最簡單的，你問他：我和你媽同時掉水裡，你救誰？

如果他答：先救我媽！

你馬上翻臉：媽寶男！直男癌！你跟你媽去過吧！滾！

若是他答：先救你！

你還是不滿：你現在當然這麼說，真到那種時候卻未必呢，哼哼……

李訓維 諮商心理師

邊緣人格

以愛為名的控制，被恐懼綁架的人生

那些在你我周遭，令佛洛依德無從解釋的狀況，
精神科醫師、心理師最不知如何面對的個案。

他們的生命充滿著壓抑與恐懼，
一會逃避，一會疏離，一會渴望愛與親密。
因為對人總是防衛、猜忌、控制的態度，
讓他們長期處在痛苦與煎熬中……

恐懼、焦慮、不安，辛苦的他們，
都是「邊緣型人格」。

定價310元

所以，他們大腦的容量，壓根就不具備回答這種問題的空隙啊。

在我不懈的搶救下，我家直男還是有很大進步的。

以往，以他這種ＩＱ加ＥＱ，在《甄嬛傳》和《金枝慾孽》這類宮鬥戲裡，根本活不過前兩集，現在目測可以勉強苟且到劇終了，因為他終於搞懂了──

我問他，「你覺得我最近胖了嗎？」其實是想聽他說：「無論你多胖多瘦，我都愛！」

我問他，「你覺得這件衣服好看嗎？」其實是想聽他說：「只要你喜歡就買買買。」

我問他，「咱倆若是離婚了，你還會再結嗎？」其實是想聽他說：「我從來就沒想過跟你分開！」

更大的進步在於，他學會自救了。

某次開車途中聊天，我提到澳洲超模米蘭・達可兒，他一時忘形，「人家真不愧是超模，孩子都那麼大了，身材還保持得那麼好……」

我一聲沒吭，只微笑著朝他點頭。

他馬上一拍大腿摟過我，「若不是自己身邊有這個活生生的例子，我無論如何也不能相信啊！」

Good！成功地逃過一劫。

要知道，這類問題，在女人這裡本來是送分題，但蠢直男們回答不好，就極有可能是送命題。

我曾被直男癌問過：「你們女人成天沒事找事，瞎矯情，逼著男人說些違心的話，活得累不累啊？有意義嗎？」

呵呵呵，是時候科普一下直男與直男癌的區別了——

直男就是喜歡女人的男人，直男癌就是喜歡女人的窮男人。

別以為這個窮，只是經濟和物質。直男也有賺錢少的，但直男癌，統統都是窮在骨子裡。

直男可以搶救，直男癌請放棄治療。

回到正題，女人想要男人哄，到底有沒有意義？意義大了去了！

每個女人心裡，都有一顆渴望幸福的種子，那是與生俱來的柔軟天性，是對愛和溫暖的渴求。

淘氣的孩子、刁鑽的婆婆、難相處的妯娌、幹不完的家務，根本都不算什麼。

錢我能自己賺，車我能自己開，馬桶我能自己修。女人想要的，只是來自同床共枕的男人的一份甜蜜寵溺，這還過分嗎？

雖然我老公到現在仍然時不時犯蠢，但我一要求道歉，他馬上很真誠地問：「道哪一次的？要不，我連下次的也一起道了吧，免得哪天我不知道什麼原因又惹你生氣。」

他為什麼學聰明了，因為他嘗到甜頭了——**把老婆哄樂了，全家都好過。**

這句口號，直男們務必要背過。

PART 2

越女王的人，才能越少女

女人真正的強，是彈性，是韌勁，
是你在外面拚完之後，仍然能做回女人。

只因我們一樣為愛顛簸在紅塵

智慧的女人，懂得尊重男人，也懂得欣賞女人。她們能給男人喝采，更願意給女人掌聲。

迄今為止，我在公眾場合被人罵過兩次。

第一次是大學期間，與同學在公車上，一位大媽嫌我倆聊天打擾了她睡覺，用極其難聽的話罵了我們，最後補充，「別以為年輕就了不起，告訴你，你們都會有老的那一天！」

第二次是去濟南參加招聘會，在半夜返程的火車上，一年輕女子要我和她換位子，我不肯，爭執起來，她罵：「脾氣這麼厲害，以後肯定嫁不出去，沒男人會要你！」

當時，我只覺得憤怒。

今年春天與朋友乘遊覽車出遊，在車上聽後排兩女子指著窗外議論，「這女的，長這麼醜還開保時捷，白糟蹋了這車。」一會兒又說：「看這小妞兒，年紀輕輕開賓士，不是做雞就是二奶。」

此刻，我只覺得悲涼。同性相輕。女人攻擊起女人來，比男人更惡毒百倍。

曾在樓下超市見兩個女人因買一棵白菜誰先稱重而爭執起來，起初還能圍繞著誰應排隊的主題，後來演變成了出口成髒的謾罵，她們用夾雜著生殖器官的各種動詞直接攻擊了對方下體，用各種汙言穢語詛咒了彼此的祖宗八輩七姑六姨。

一旁圍觀的，不乏暗自叫好和竊笑的男人們。

身為同性，我只替她們感到尊嚴掃地。

自古至今，從深宮奪寵波譎雲詭，深宅大院妻妾爭鬥，到為職場上位不擇手段、相互詆毀，再到同一屋簷下婆媳開戰、硝煙漫天，小三鳩占鵲巢，正室公開反擊……女人間的爭鬥大戲從未停止。

現在，誰再給我發「大奶當街扒光二奶將其暴打」、「女大學生群毆女同學逼拍裸照」之類的影片，我都拒絕打開。那是女人的恥辱。

男人為什麼看不起女人間的友誼？為什麼敢肆無忌憚地出軌？為什麼敢明目張膽地同時撩兩個閨密？為什麼敢在婆媳問題中毫不作為？

因為太多女人，只會把刀尖指向女人，只會比男人更無情地為難女人，踐踏女人。

她們缺少自信，不愛自己，對男人依附討好，卻又活得怨氣橫生，只好轉頭對女人刻薄狹隘、充滿仇視。她們把同性當作天敵，動輒爭鬥開撕，不惜侮辱打壓，卻讓男人坐山觀虎鬥，盡收漁翁之利。

辛曉琪有首歌：女人何苦為難女人，我們一樣有最脆弱的靈魂。

時至今日，我才終於明白那兩次罵我的女人，是什麼樣的心態。

她怒罵我終會老去，是因為她將「老去」作為女人最悲慘的結局。

她詛咒我嫁不出去，是因為她把「嫁不出去」視作女人最淒涼的後果。

她們咒罵的，就是她們心上最深重的怨毒。

而恰恰是這句，暴露了她們最膽怯也最心虛的那一面。

人在炫耀的時候，最愛顯擺的，恰是心裡最缺的。人在發洩的時候，嘴上罵的，正是心裡最怕的。不信你看她們，哪個臉上沒有陰鷙，哪個心裡沒有怨毒。她們寧可忍受男人，也不肯認可女人——

顏值高就一定是去韓國整了容。身材好就一定是去醫院隆了胸。

有財富的，不是親爹給的就是乾爹給的。有事業的，不是睡她的人厲害，就是睡她媽的人厲害。

職場平步青雲的，肯定是上了老闆的床。生意風生水起的，必然是出賣了皮肉和色相。

她們為什麼不肯相信一個女人可以憑自己的努力得到這一切？因為她們自己做不到，就堅

決不信別人做得到。就像那些勸你趕緊找個人湊合嫁了的女人，因她最怕孤獨終老，打死都不相信一個人也能過得好。

做妻子的，拿男人沒轍，只好當眾羞辱小三洩憤；當小三的，毫無廉恥，反叫囂正房不識時務。當婆婆的，不教導兒子擔當責任，只怪罪兒媳嬌生慣養，好吃懶做；做媳婦的，不學習婚姻經營之道，只抱怨婆婆倚老賣老，插手太多。

女人們悄然轉移了自己的責任，找別的女人做了代償品。將對男人的怨怒，對自己的懊惱，紛紛投射給另一個女人。恰恰也是她們，讓男人輕易地躲過了責任，逃避了擔當，卸下了罪責。

專門為難女人的，都是最low的女人。

某次和閨密參加一個飯局，席間講起我們最羡慕的朋友W姊，夫妻事業有成，婚姻幸福美滿。一女人張口便反駁，「肯定是裝的，沒準她老公早在外面有女人了。」

我與閨密面面相覷，無法接話。

一句話，格局心態，立現高下。**因為她不信自己配得上更好，所以無法接受別的女人過得更好。**

年少時我看一個女人，是看她被多少男人喜歡。

成年後再看一個女人，是看她被多少女人喜歡。因為熟女明白，被多少男人喜歡再也不是衡量女人魅力的終極標準。

我更願意結交那些擁有正能量的閨密圈子，給予接納和鼓勵，彼此扶助，一起成長的女人。

朗達・拜恩的著作《祕密》裡提到：你當下的思想正在創造你的未來。你最常想的，將會出現在你的生命裡，成為你的人生。

吸引力法則就是「同類相吸」。當你有了一種思想，你就會吸引同類的思想過來。王菲、趙薇、劉嘉玲的閨密圈，不只因身價相當，還有同等的格局、氣度、思想和自信，才是高山流水遇知音。

女人與女人，不是天敵，應該是戰友、是盟軍。

我願意從千姿百態的女人身上，發掘更多值得學習、敬佩和讚美的閃光點。

我也願意對那些歷經心碎神傷、苦痛絕望的女人，給予一份疼惜、支持和力量。

因我們同為女兒身。因我們一樣為愛顛簸在紅塵。

若我們不能憐惜同性，便無法憫恤自身。若我們不能對女人寬容，便無法對自己慈悲。

智慧的女人，懂得尊重男人，也懂得欣賞女人，她們能給男人喝采，更願意給女人掌聲。所以她們從不乏異性的追捧，也從不缺同性的認同。

把男人當作學習目標，把女人作為同盟隊友，相互扶持，彼此鼓勵，齊頭並進，鏗鏘向前。**一起活成更好的模樣，這才是女人應有的姿態。**

我就是堅信男人如衣服

衣服是女人的戰袍。
男人是女人的補藥。

日常最令我發愁的事有三：一是當眾敬酒，二是開口借錢，三是陪好友S買衣服。

其實S人挺好，但一買衣服就超級挑剔。

若是有超模身材天使臉蛋，嚴苛一點倒也罷了，偏偏S只有中等身高，且還是微胖界一枚冉冉升起的新星，腿不長，腰不細，既無逆天顏值，也不波濤洶湧，每次陪她選衣服，都要耗盡洪荒之力。

簡約通勤裝，她嫌款式太單調。文藝森女系，她嫌裝嫩太過分。黑白灰性冷淡風，她怨沒有女人味。蘿莉蕾絲裙，她又嫌甜得太膩人。

我拿了一堆時尚雜誌砸向她，「自己看！」

她振振有詞地朝我翻白眼，「我要是有這樣的身材，還用得著找你幫忙？你這麼大個人了，一點耐心都沒有，我無非就是矮點胖點身材差點，才這麼點困難，你就放棄了？」

我差點被她氣成內出血，惡狠狠地丟下一句，「怪不得你難嫁，挑衣服比挑男人還麻煩！」

她恍然，「你別說，還真是這麼回事啊！」

大學校園裡，老公還是我男朋友的時候，我特別對他身上的運動活力著迷，暗暗決定要為他改變穿衣風格，將自己打造成熱力四射的動感美少女。

我買了和他相襯的藍色系運動服，肩袖上還閃著大片螢光綠。我瘦竹竿的身材套在裡面四下灌風，原本就偏黃的膚色被襯得更暗黃。他踢完一場球，遠遠從操場跑過來，錯愕地看了我半天。好幾天之後，他才有勇氣說出實話，「那身衣服，怎麼看都像偷來的。你穿原來的衣服就挺好，別硬逼自己扮偽球迷了。」

我果斷地把運動套裝送給宿舍的另一個女孩，她每天穿著晨跑，特別英姿颯爽。

而我，重新穿回我的小立領白襯衫和中腰牛仔褲。

前兩天有好友問我，「你現在的穿衣心得是什麼？」

我說：「**衣服如男人，不適合的，不要選，不要穿。**」

男人也如衣服。有些女人擇偶時，通常狀態就是：地攤貨看不上，奢侈名牌買不起。不，不只是買不起，有時即使錢到位，仍是襯不起。

因為她尚需修練，待歲月淬出那些叫作「氣質」和「氣場」的東西。

數年前，我也買過幾件掛在衣櫃裡，只供欣賞卻無法穿出門去的衣服，有天藍色牛仔背帶褲，也有blingbling華而不實的小禮服。

三十歲以後，我才終於明白那些衣服對我的意義——天藍色背帶褲是對青春的祭奠，是我再也回不去的少女夢；blingbling小禮服是對未來的奢望，是我未得圓滿的浮華幻想。

衣服是女人的戰袍。男人是女人的補藥。

你以為那些會穿搭的女人能嫁得好，只是因為她會使媚？當然不是。是因為**她對自己的身體和靈魂都無比瞭解、無比熟悉，她懂得什麼樣的衣裝最適合、什麼樣的男人最相配。**

為什麼也有那麼多貌似時尚、燦若夏花的女孩，卻屢屢遇人不淑，在錯愛的路上一再碰壁受苦？因為她對於自己的內心，還是個陌生人。

她們一路試錯，卻始終沒明白自己要什麼。執意要愛的人，令她們踮著腳尖拚力去搆，最終心力交瘁。被迫將就的人，讓她們心有不甘，委屈連連，總想逃到海角天邊。

得到的不想要，想要的得不到。

男人通常說女人如衣服，其實是將女人物化，帶著直男癌的炫耀，彷彿全世界的女人都任他挑選試穿。

我想說男人如衣服，不是女權主義以牙還牙，更不是鼓動濫交。

我堅信男人如衣服，其實是女人應該像瞭解自己的身體髮膚一樣，去正視自己的優點和缺陷，去做正確的選擇和取捨。因為只有當我們對自己有充分而正確的認知，才會明確地知道自己要什麼，適合什麼。

先學會與自己相愛，才能學會與男人相戀。

若一個女人只要求衣能遮體，那滿大街都是可以結婚的男人。

她為什麼要挑款式、版型、布料、做工？因為她想要的是「相襯」。

就像那個適合的人，他與你鮮花著錦，相得益彰，也讓你舒展踏實、柔軟安心。

一個對自己有客觀評價和正確認知的女人，不會膚淺到跟風去買淘寶爆紅款，不會盲目追隨伸展台模特兒的時裝秀，也不會虛榮到去拚買不起的高檔名牌貨。

因為她知道——想穿歐美高冷風，你至少要有一六八公分的高瘦身材。要扮韓式粉嫩系，你要有蘿莉小臉加甜美氣質。臉上寫滿七情六欲，怎麼襯得起純色棉麻長裙？一副受氣小媳婦委屈相，怎麼hold住Max Mara大衣？

選男人亦如是。

你去高攀的那位，就像咬牙存半年才買下的華服，你穿不起，又放不下，掛在衣櫥裡好生伺候，小心侍奉，逼著自己削足適履，生生餓瘦兩個size塞進去之後，卻發現，效果其實跟你想像的相去萬里。

你去低就的男人，就像清倉處理的路邊貨，你當初一時貪便宜，買回後卻怎麼看都是濃濃的廉價氣息，襯不起你的容顏，拉低了你的品味，讓你日夜不甘，如鯁在喉，怎麼看都厭棄。

有人一襲白衫已足夠嫵媚，有人鳳冠霞帔仍非女王。**有人在錯的愛情裡凋敝枯萎，有人在對的人身邊嫣然盛放。**

愛情，是兩個人之間的量體裁衣。適合的人，就像一件得體的衣服，穿在你身上自然、熨帖、舒適，讓你由內而外地滿足。不在於價格多貴，等級多高，只在於，他與你匹配。

他襯得起你的氣質，你配得上他的段數。這才是最好的彼此駕馭，彼此馴服。最終，他見證你紅顏璀璨，也陪伴你暮年蒼茫。你們相依老去，你身材不復，他鬆垮頹唐。但那些相擁時刻，依舊令你踏實心安。

穿對衣服，讓你驕傲而不驕縱。

愛對人，讓你自由且不自卑。

選衣服是時尚眼光，選男人是人生品味。

對衣服不跟風，也不盲從。對男人不將就，也不攀附。

親愛的女孩，這都是你的人生必修課——前者是衣著品味，後者是愛情智商。

越女王的人，才能越少女

上班工裝，下班霓裳。身段輕盈，步履鏗鏘。夜裡柔軟，白晝堅強。

在網路上看到一句話：原本想做大哥心中的女人，卻活成了女人心裡的大哥。忍不住笑。鋼筋水泥的都市裡，最不缺的就是女漢子。她們踩著高跟鞋如腳蹬風火輪，大步流星，無所畏懼。乾得了烈酒喝得了雞湯，上得了談判桌，hold得住應酬場。

數年前，甄姊在我眼裡就是這樣的女漢子。

那時我還是職場菜鳥，甄姊所在的公司是我們極其密切的合作單位。由於工作需要，我經常往她辦公室裡跑。甄姊雖不是大boss，但身居要位，公司百分之六十的業務要從她手裡過。每次去她那兒，總看到她穿灰色套裝坐在辦公桌前，一排文件夾等著她審閱簽字。

甄姊長得端莊大方，大臉、大眼睛，只是線條硬朗，不夠柔美秀麗。就跟她的個性和行事風格一樣，辦事幹練爽利，說話擲地有聲，走路虎虎生風。

我見過她訓斥下屬毫不留情，「不要告訴我怎麼不行，我想知道的是怎麼能行。你有解釋為什麼沒做好的工夫，已經可以重新做一份了！」

也見過她應對酒場應酬迂迴周旋，「女人天生胃小，您就別跟我計較這一杯了。男人的酒量就是胸懷，您心寬體胖，這點酒不在話下。」

她在我心裡就像一個完美標竿，無所不能，天衣無縫。我搞不定的，她一通電話就解決。我想不通的，她一語就道破天機。我對她崇拜、敬重，也有些戒慎恐懼。

直到後來我們一起到東北出差，去見我們共同的一個供應商。

飯店預訂出了疏漏，我倆臨時改住一間標準房。公事談完後，對方安排我們在周邊景點玩兩天。女神與平民、精英與菜鳥的差距，在遊山玩水的放鬆中被快速消除。而真正把我驚到的，是回到飯店後，她從行李中掏出的小物件：緞帶蝴蝶結髮圈，田園碎花風的純棉睡衣，印滿甜美櫻桃圖案的收納袋，被女兒貼上卡通貼畫的小巧水杯。

如果不看她的Armani套裝和RIMOWA行李箱，我簡直無法相信這是我心中那個女王。

她竟然還有一個和我一樣的化妝包，粉色緞面，深褐色蕾絲花邊，完完全全的少女風。唯一的區別是，人家從日本買的，我從外銷商店挖的寶。

她看著我驚訝的樣子笑了，「怎麼了？很奇怪嗎？我一直很喜歡這些小東西。」

「完全看不出來啊甄姊！你內心竟然這麼少女！」我實在忍不住，脫口而出。

那晚，我倆敷著面膜聊到半夜。

甄姊說，她在和我一樣的年齡初入職場，橫衝直撞不服輸，一心想闖大事業。白天跑客戶，晚上背單字，週末上會計班，整個人卯足了勁往前衝。當然收穫也很大，年年受表揚，成為公司晉升最快的年輕幹部。升職加薪，結婚生女，換房換車，人生一路順利飆升，像男人一樣野心勃勃。

但是，當她全力緊繃、開足馬力、所向披靡的時候，生活亮起紅燈。後面幾年，她先後經歷了子宮肌瘤、婚姻危機、親子關係的波折，迫使她停下來，放緩腳步。

大概，她知道對我這種尚未涉足婚姻、不知人間疾苦的黃毛丫頭來說，注定無法感同身受，她只淡淡說著，一帶而過。

她最後對我說：「職場上，女人要和男人一樣拚，但內心裡，女人就是女人。**我們要享受自己的天性，不必非要鐵骨錚錚，誓不低頭。女人真正的強，是彈性，是韌勁，是你在外面拚完之後，仍然能做回女人。**」

我看著桌上兩個一模一樣的粉色蕾絲化妝包，似是而非地點著頭。

沒想到十幾年之後，我也活成了女漢子。

那些年像前塵往事舊夢，咬過牙流過淚，碰過壁後過悔。走過決然的強悍堅硬，在某個時間點，學會了讓自己軟下來。

我發現我開始更加喜歡所有輕盈、精巧、充滿女人味道的東西，喜歡所有散發女性氣息的色彩。

終於明白，**那是我們永遠不會被成長抹殺的天性：溫暖、柔軟、天真、赤誠。它們讓我回歸最原始的身分，喚起最可貴的少女心**，一件刺繡睡衣，一顆心形吊墜，一對絲絨盤扣，都能將百鍊鋼化為繞指柔，伴我扛過世情的冷漠，虛化生活的艱澀。

某次在電視上看到有「營銷女王」之稱的董明珠（《富比世》評選為中國最具影響力商業女性）談起兒子，她向來硬朗的臉上，眼睛彎成兩道月牙，「兒子小時候喜歡說：『媽媽，幫我掏耳朵。』特別開心，特別乖。」那一瞬，你幾乎無法把她和那個被評價為「她走過的路，寸草不生」的鐵娘子聯想在一起。

她對主持人說：「我真的非常非常喜歡穿長裙。」

這一面的她，不是那個女不強大天不容的拚命三娘，而是一個真實的女人。

也看過娛樂圈的工作狂人范冰冰，一年飛三十萬公里，拍四十多個代言，登十八次雜誌封面，一天輾轉三個城市。而在一個訪談節目中，她展示了北京的粉紅辦公室——一間被哆啦A夢和Hello Kitty填滿的粉色卡通房間。三十四歲生日時，李晨還為她舉辦了Hello Kitty粉紅派對。

也許越女王的人，才能越少女。

窗外長風獵獵，每日身披鎧甲推門而去，在職場上拚鬥，在柴米中折騰，於情愛裡翻滾。而回到這方寸之間布縷之內，就放下金剛手腕，忘記盔甲鋼拳，開出內心繁花似錦。

誰說女人的狀態，不是極左就得極右？不做嬌滴滴的小公主、嗲兮兮的萌妹，就只能做刀槍不入的女強人、鐵石心腸的女魔頭？

過剛易折，善柔不敗。

好友李筱懿曾寫過：做個像果凍一樣Q彈又立得住的女人。

我想，女人的Q彈，是柔韌；是柔和處事，也能硬氣生活；是有帝國紅的唇，也保有少女粉的心。

少女心，不是萌妹的無知，也不是楚楚可憐的軟弱，更不是仰面等待白馬王子的救贖。**那是我們的初心，是對這個世界的柔軟和善意，對生活的熱愛與赤誠。**

上班工裝，下班霓裳。身段輕盈，步履鏗鏘。夜裡柔軟，白晝堅強。

女王氣場，少女心，這才是屬於這時代的百變伊人。

若你曾經奮力擠胸，願你從此心口寫勇

所有看上去的毫不費力，都有暗地裡的拚盡全力。外人眼中的瀟灑如風，背後都有殫精竭慮來成全。

二〇一六年聖誕，我用僅剩的年假，去捷克浪了一圈。

一回來，就收到了姊妹們的集體豔羨，「羨慕啊！我也好想來一場說走就走的旅行！」可拉倒吧。

我可從來都沒有「說走就走」的旅行。你們只看到我拖著行李箱大步流星任性灑脫的背影，只看到我朋友圈貼文裡的天文鐘、查理大橋、聖維特大教堂、泰爾奇小鎮冰雪童話，你們根本沒看到我為這場出行所做的數日之功啊。

我提前一週做完業績數據分析，寫完工作總結，提交主管，向下屬確認好正在執行的案子進度，把所有的工作尾巴收拾完。

我用了兩個晚上，跟老公溝通好兒子考試前複習的主要重點，週末課外班的注意事項，交代好厚款和薄款保暖衣、羽絨服的存放位置，書面列出八條備忘錄。

我把家中的水電瓦斯費用繳足，信用卡提前還款，叮囑老爸按時吃降血壓藥，把正在路上的幾個快遞件交代給公婆查收。

你看，對於已婚女人來說，「說走就走」的瀟灑根本就是騙鬼的。不提前安排好所有事，你哪也走不了。

那個原本羨慕到不行的妹子聽完，當即像洩了氣的球，「唉，好麻煩。你原來多逍遙啊。」另一個朋友也吐槽，「對啊，想想你這麼幹練的人，現在卻天天忙成這樣，這日子怎麼過啊！」

就這樣，我在她們心中的女神形象，「啪」的一下掉地上摔個稀爛。

其實我一點都不意外。當年我還是一隻單身狗的時候，也是這麼想的。

那時我二十出頭，聽已婚同事們描述下班後陀螺般的生活：先去婆家把孩子餵飽，自己匆匆扒幾口飯，接孩子回到自己家，陪他玩，餵他吃水果，給他洗澡，哄他睡覺，然後做家務，洗衣服，再一抬頭，牆上的鐘指向十一點，趕緊盥洗上床睡覺。第二天，周而復始。

我心中暗暗嘀咕：打死我也過不了這種日子。

現在呢，我不但過上了這樣的日子，還過得熱火朝天挺起勁。

這就是那句話：打不倒你的東西，都會讓你更強大。

我曾經任性過。

青春年少，我暗戀，逃學，看言情小說，沉淪在情天恨海。

單身時光，跟死黨們泡吧K歌醉酒跳舞，一夜玩四場。

結婚之後，一言不合就開戰，吵完後開車出走，我一踩油門直上高速公路，三小時後到另一城市約閨密喝茶聊天。

初為人母，我為了逃避瑣碎煩亂，拎起行李就出差，一走半個月不露面。

我總是在不如意的某些時刻，恨不得拋棄所有，飛奔到天涯盡頭。

我常常幻想，我的生活只是一個長長的夢，某天突然醒來，發現我是另一個人，過著另一種截然不同、熾熱濃烈的人生。

所以，我會恐慌、害怕，不願正視年齡的增長，唯恐隨著青春流逝，而失去任性的資格。

年過三十，我才肯去思索為什麼。

其實是，我自卑、脆弱、迷茫，只好拿任性來與現實對抗，我錯把任性，當作了自我。

今年是我的本命年。年前，閨密催著我，一定要去商場買套紅內衣，我選了兩款：柔軟、輕薄、無鋼圈。她看後取笑，「沒有深V，不夠聚攏，一點也不性感。」

但是舒服啊。到現在，還有什麼比健康舒適更重要？

我已經過了為一雙好看的高跟鞋而忍受磨腳痛苦，為臭美而讓雙腿暴露於寒風中的年齡。

曾經我們都拚命用罩杯擠胸。

現在我們都學會在心口寫勇。

看看身邊的女性朋友，個個越來越像女戰士。

梅莉・史翠普說：「我不想再多花一分鐘在說謊或操控的人身上。我決定不再與假裝、偽善、欺騙，或是廉價讚美共存。我沒有耐心去對待那些不值得我有耐心的人。」

閨密對我感慨，「你信不信，這是另一種任性。區別只在於，年輕時一無所有的任性，是無知和莽撞。有資本、閱歷與實力之後，對自己、對他人負得起責任的任性，才是魅力女人的特立獨行。」

是的。許多人和事，都會被歲月洗禮後昇華。

那些當年任性過、莽撞過的女人，越到中年，越堅信努力奮鬥和自我實現的意義。像舉重若輕的鴨子——臉上怡然，腳下奮力。

對自己負責任，不羨慕任何人。

所有看上去的毫不費力，都有暗地裡的拚盡全力。

外人眼中的瀟灑如風，背後都有殫精竭慮來成全。

現在的我，真正想要的，是可以腳踏實地用認真和努力去交換，可以在自由與自律間隨我意志支配的生活。

我得到的，與我的能力相匹配。

我付出的，是心甘情願而為之。

我失去的，在我可承受的範圍內。

這就很好，這就值得。

我不再自我懷疑、自我否定，也不再浪費時間去糾結、掙扎、愁腸百轉。我只想擁抱每一個當下，享受每一次變化，珍惜我所擁有的每一點微小的喜悅和快樂。這就是成熟和磨礪帶給我的最大、最寶貴的所得。

我知道，我不是不能任性，而是已經不想任性。

我早已不渴望什麼奮不顧身的愛情、說走就走的旅行。

我只想認真、踏實地安排我的生活，規劃我的人生。

我們終於被歲月教會了——為他人著想，為自己而活。

只因這世上，我們有多少愛，就有多少羈絆和惦念，就有多少牽掛和不捨。

不再任性，不意味著放棄自我。我們依然可以特立獨行，帶著那些愛的責任與使命。

我願意從千姿百態的女人身上，
發掘更多值得學習、敬佩和讚美的閃光點。
我也願意，對那些歷經心碎神傷、苦痛絕望的女人，
給予一份疼惜、支持和力量。
因我們同為女兒身。
因我們一樣為愛顛簸在紅塵。
若我們不能憐惜同性，便無法憫恤自身。
若我們不能對女人寬容，便無法對自己慈悲。

一念女王，一念怨婦

你能站在人生主場，成為自己的太陽，才能斬釘截鐵地告別怨婦，享受女王的快意人生。

跟朋友聊起婚姻，我說，我曾經是個怨婦。她瞪大眼，「怎麼可能？你明明是女王啊。」而事實上，在我近十年婚齡中，有兩年時間，我真的活成了怨婦。

那時初為人母，種種艱辛孤獨早已令我牢騷滿腹，感情岌岌可危。兒子一場病，成了壓倒婚姻的最後一根稻草。

二〇一二年元旦，一歲多的兒子被父母帶回老家暫住。年底是我工作最忙的階段，幾乎整個月出差。元旦三天假期，我趕回老家看他，不料當晚兒子突發急症住院。我急得哭到半夜，給老公打電話，讓他與公婆次日一早從青島趕來。但在當晚的電話裡，我們對治療意見產生分歧，加之第二天將近中午他們才姍姍來遲，我怒不可遏，在醫院大廳幾乎如潑婦一般爆發。

那一刻的感覺，就是世界末日。我只有一個念頭：等兒子病好出院，立即離婚。

當全家與主治醫師確定好治療方案，安排好所有手續，我走出醫院站在街頭呼嘯的北風裡，看到他們全家心安理得地去吃飯，我心如死灰。掏出手機打給閨密，讓她幫我下載離婚協議書。

那一刻的怨恨，至今回想仍不寒而慄。

五天後兒子出院，又被交叉傳染開始咳嗽，反反覆覆直到過年。婚當然沒離成，我卻在不知不覺間正式啟動了怨婦模式。

我找各種機會出差，來去如風，行蹤不定。一回到家，就開始長期冷戰，不接受任何道歉。我練就了最大的本事——要麼絕不開口，一開口就風刀霜劍。

他講笑話試圖活躍氛圍，我冷冷回擊，「有什麼好笑的？只有你這種沒良心的人才笑得出來。」

他岔開話題想轉移情緒，我不依不饒，「少扯沒用的，早跟你過夠了。」

他求和示好，我打擊報復，「別以為道個歉就沒事了，讓我原諒，想都別想。」

他表達關心，我斷然拒絕，「少來這套，留著給別人吧。」

他怎麼做都不正確。我怎麼過都不快樂。

終於有一天他忍無可忍，「你在家成天拉著臉，說話永遠用降調，爸媽孩子都能看見，你覺得這樣好嗎？」

我再次山崩地裂地爆發，「你還有臉說我？什麼原因你不知道嗎？你若是對我夠好，我至於這樣嗎？你付出過多少，你為這個家做過什麼？」

強大的負能量像一個巨大黑洞，終於將我吞噬。

我開始日夜後悔，後悔為他放棄原來的城市和多年的圈子，後悔懷胎十月度日如年給他生了孩子，後悔告別逍遙單身來與他節衣縮食地過日子。悔有多深，怨就有多重。

我總在找機會報復——他在家，我就出差；他出差，我就在家。而等他出差回來，我勢必要找碴吵一架，然後拍屁股走人。我們就這樣成了聚少離多的錯時夫妻，感情一如家中冰冷的空氣。

每當我回到最熟悉的舊城市，最愛做的事就是與閨密徹夜吐槽倒苦水。

當我配著串烤喝啤酒，第一百零八次對著閨密，發洩我對那個男人永無止境的不滿，數落他在兒子生病期間讓我失望透頂的種種行徑時，她放下手裡的羊肉串，定定地看著我，「愛玲，你放棄那麼多調去青島，就是為了過這種日子嗎？」

「所以我過夠了，想離婚。」

「且別說離不離，孩子的事已經過去這麼久了，早就健健康康的了，就算當時是他不對，但你總是過不去這道坎，這件事，就是插在你心頭的一把刀，**你每回憶一次，它就捅你一次，傷的都是你自己。**」

她是修佛之人，比我通透得多。

「你不能總這樣，**學會原諒別人，其實是放過你自己。**」

我的淚奪眶而出，滴在啤酒杯裡。

我不是不懂這道理，卻縱容自己陷在怨懟裡，把自己折磨成這副淒淒艾艾的鬼樣子。

不識怨婦真面目，只緣已是怨婦身。

我曾以為怨婦的可悲只是牢騷和抱怨，其實更可怕的，是將自己推向暗無天日的死循環。

那晚我一夜未睡，回想起一件事：青春期裡曾有個階段，我變態地迷戀上剪指甲，越剪越深直到流血，每次未等長好，又忍不住再剪。很長一段時間，大拇指總是血跡斑斑。

或許我是有些自虐傾向的。

這次也一樣。縱然他傷了我，這傷口也並非不能癒合。只是我自己不肯，非要一次次揭開那個痂，讓它再度皮開肉綻鮮血淋淋，我就有理由繼續指責繼續埋怨。

我個性太硬，渾身是刺，不肯放過別人，卻也從未饒過自己。

這一切苦的源頭其實皆在我。那麼然後呢？

就此甘當怨婦，最後不知所終嗎？繼續拿閨密當垃圾桶，直到惹她們厭棄嗎？用別人的錯誤懲罰自己，血肉模糊也在所不惜嗎？就因為一個男人，從此活得一臉陰沉，自暴自棄嗎？

深夜裡，我問自己：**這條路還要不要走下去？如果要，就去解決，就去承擔。**

結婚生子、調動工作、告別曾經的城市、放棄單身生活，每一步都是我自己的決定，從來無人逼迫。而當婚姻遭遇問題，我把這一切都推向「為了他才這麼做」，把自己變成一個犧牲者。

我找到了怨恨的根源——受害者心態。女人一旦有了這種執念，便開始喪失自我，逃避責任，將一切結果統統歸咎於他人。一念女王，一念怨婦。

我用很長的時間去做自我救贖：溝通、調整、包容、適應。當我終於掙扎著走出絕望深淵，活成自己想要的樣子，再回頭看這段來時路，才徹底意識到，女王與怨婦，真正的區別只在於一點：女王永遠是擔當者心態——我所選，我負責，兵來將擋，水來土掩，身陷低谷也努力爬坡，永遠保持對自己人生的控股權。怨婦永遠是受害者心態——我有今天全是你害的，若不是因為你，我也不至於到這般田地，我為你犧牲這麼多，你卻如此對我，良心都被狗吃了。

兩種心態，決定了兩種截然相反的人生方向。

這就是為什麼，女王越活越好，即使萬箭穿心，依然光芒萬丈，身在沙漠也能長成行走的玫瑰。而怨婦越過越累，抓一手好牌也打得稀爛，嫁什麼人都活得像嫁了渣男。

女王比強，怨婦比慘。女王總是神清氣爽，光彩照人；怨婦永遠愁眉緊鎖，悲悲切切。

你選擇成為誰，就決定了你遇見誰。

當一個女人有足夠的勇氣擔負起自己，人生就再也不會被誰牽制。自己選的路，前面是河就去渡，前面是山就去翻。男人再也不是決定此生幸福的唯一標準。

你能站在人生主場，成為自己的太陽，才能斬釘截鐵地告別怨婦，享受女王的快意人生——不會愛的教會他去愛，不夠好的引導他變好。有資格慣著願意愛的，也有資本換掉不再愛的。

親愛的女孩，從怨婦到女王的路，最重要的只有一步，就是「自我擔當」。

不會花錢的女生沒未來？只會花錢的更沒有！

沒有哪個女人是只因會花錢而變有錢的。
「能花」的背後，一定有一套適合自己的價值投資體系，一定有對自己、對未來精細的規劃、要求和打算。

我從捷克旅行回來後，緊接著就有妹子問我，「姊，你去玩一趟花了多少錢啊？」

我說了個數，並解釋：「我是因為買了好多七七八八的東西，所以花費比較多，如果購物方面節儉些的話，用不了這麼多的。」

她馬上來了精神，「我今年的積蓄差不多存夠了，等過完年我就去！」

我在心裡打了個問號，猶豫了一下，還是忍不住問她，「你的積蓄總共這麼多，就打算一趟旅行全花光了？」

她說：「網路上不是都說嗎，不會花錢的女人沒前途啊，能花才能會賺啊！」

「那你打算怎麼賺呢？」

「明年我想跟老闆提加薪，如果加不成就跳槽，換個薪水高點的工作。」

「這想法挺好。那你跟老闆談加薪的籌碼是什麼？跳槽有目標嗎？換不換行業？規劃是什麼？重新找工作，靠什麼本事來提高收入呢？」

「呃……」

她無語了。我也無語了。

沉默幾分鐘之後，我對妹子表達了我的觀點：

沒錯，你好幾萬的積蓄都花光來個歐洲十日遊，不是不可以。但現實是，你月入不到兩萬，工作幾年省吃儉用勉強存個十幾萬，一年到頭回家一趟，要不要孝敬一下年邁的父母？

想要求老闆漲薪水，要不要預留出資金，進修學習？

明年計劃跳槽，是不是得儲備兩個月的口糧，以防斷了後援？

人已老大不小，是否應該定個目標，學學理財？

愛花錢和會花錢，根本是天壤之別好嗎？

真正會花錢的女孩，都有會賺錢的思維。

她花的每一分錢，都是在投資自己的知識、能力、品味、眼界、格局。她敢買COACH，是因為她已經在計劃下一步怎麼賺愛馬仕。她敢千金散盡，是因為她有還復來的本事。

而你呢？拿著數年不變的死薪水，或許還得再找閨密借個上萬塊錢，只為滿足短期的虛榮心和比較心。

說真的，女孩子讓自己花錢見世面，去看、去經歷、去體驗那些全新的、更好的、更貴的東西，很值得。

但我反對的是，你什麼都不想，卻以為能和別人一樣，花了錢就像開了天眼，然後就財源滾滾來。

「要麼讀書，要麼旅行，身體和靈魂，總有一個在路上。」這話說得挺好。可是親愛的女孩，你不能只走在會花錢的路上啊！你只看到別人花花花，你看到人家怎麼賺賺賺了嗎？

那些鼓勵你去旅行、去花錢、去好好愛自己的勵志文章，本意並沒有錯，只是，你會錯意了。

人生需要有目標，特別是那些讓我們翹首仰望，要使勁踮踮腳，甚至拚命跳起來才搆得到的目標。它激勵我們一路向前，不斷學習，不停生長，蛻變成一個更優質、更強大的人。

但當你的才華撐不起夢想、能力配不上欲望的時候，你一味學著別人花花花，人前顯貴，人後受罪，那不是勵志，只是虛榮。

多年前我有一個同事，剛入職我們就發現，她吃穿用度明顯比我們這些同齡人高出一等。原以為家境優越，後來瞭解，她只是普通工人家庭，父母還面臨失業。

她上下班要搭計程車，從不坐公車。拒絕住公司宿舍，自己租兩房一廳的房子，因為方便週末同學聚會。那時我們只用得起MAYBELLINE、卡姿蘭（Carslan）這類平價品牌，她統統嗤之以鼻。公司舉行三八婦女節春遊，她要提前花兩個週末買四套新衣服搭配……

這樣一個特別愛花錢的女人，卻從未見她為多賺錢而努力過。

她業績平平，卻每天關注女主管們穿了什麼裙子、是哪個品牌的新款、口紅什麼色號、專櫃價格多少。甚至還有人聽到她打電話向同學借錢，編理由說公司要求新員工集資……

當年年底她離職，因為我們的待遇跟不上她消費的增長，跳槽去了一家同行外商公司。再後來，聽說被一個浙江客戶包養，直接辭職，跟去了南方。

如果說不會花錢的女人沒前途，那我覺得，這種只會花錢的，更不知道前路在何方。

我和閨密Dora前後進入職場只差一年，但在收入上，她始終遙遙領先。

我月薪一萬多的時候，她賺兩萬多。我漲到兩萬的時候，她年薪幾十萬。

如今我年薪七位數，她早已成了某公司合夥人，並在籌備上市。

早在十年前，她的消費就令我咋舌：上萬元的牛仔褲，一次買兩條，深藍、淺藍換著穿。發了年終獎金，一定要買個價格嚇死人的包包犒賞自己。她洗手台上隨便一瓶面霜，都能頂我一整箱護膚品。

跟她廝混了一年多之後我發現，她遠遠不是愛花錢那麼簡單。

行業內的頂尖論壇，她必到場接收最新資訊。某些高檔的展會、年會，她即使自掏路費也飛到上海、北京參加。朋友的國際學校辦遊學，她毫不猶豫地當即報名跟去聖地牙哥。

她從不在花錢上計較，也**從未放棄任何一個讓自己提升的機會。**

「為專業花錢，為知識付費，為自己投資。」這個理念就是她最先教會我的。

她每次花的錢，真的就像被加持了一般變成資本長在自己身上。

她懷孕生子休息一年半，沒有工作，依然有源源不斷的客戶找她接案子。所以她挺著大肚子，依然逛專櫃買LA MER。給寶寶斷奶後，打算重返職場，五家獵人頭公司同時向她拋出橄欖枝，於是她決定先給自己換輛賓士。

今年過年後，她出差順路來青島看我，說去杭州見了個人，我一聽名字如雷貫耳，「那不是馬雲的十八羅漢之一嗎？」

她笑，「是啊，我們正在談一個案子的合作。」

「能花」和「會賺」之間，是並列關係，不是因果關係。

不會花錢的女人沒未來？

呵呵，只會花錢的女人，連現在都保不住。

沒有哪個女人是只因會花錢而變有錢的。

她們「能花」的背後，一定有一套適合自己的價值投資體系，一定有對自己、對未來精細的規劃、要求和打算。

她讓自己越來越貴，才讓消費也越來越貴。

我曾去聽一位管理專家講課，課間他打趣說，為了和他十三歲的女兒更有共同語言，他強迫自己追完了電視劇《三生三世十里桃花》。

但他最後說：「我不只是看情愛糾葛的劇情，我想研究的是它背後的商業模式。」

我突然明白了，這也是那些「愛花錢」和「會花錢」的女人之間的區別。

你看到的，只是她花掉了多少錢。

她關注的，是自己又增值了多少錢。

我能賺會花，你就沒資格說我敗家

當一個女人真正實現精神和經濟的雙重獨立，
她就會更加懂生活，愛享受，關愛家人也取悅自己，
更有送得出也收得起的底氣。

雙十一過完，手都剁乾淨了嗎？
沒關係，反正女人的手就是壁虎的尾巴，沒了照樣長新的。
今年剁了不要緊，待我來年變千手觀音。

天下女人一到換季，就會統統得一種叫作「沒有衣服穿」的病，好像去年是裸奔過來的。

今年初春乍暖還寒，我就覺得我缺一件小皮衣。去商場轉了一圈，相中一件喜歡的款。翻翻吊牌，不多不少，剛好我一個月薪水。

買吧，覺得ＣＰ值不算很高。

不買吧，我可是寫過「老娘有錢，干你屁事」的人啊，難道要為了這麼幾個錢自己打臉？

回家對老公說：「我忍三天，如果三天之後我還很想要，那就去買。」

他大呼：「你還是趕緊去買吧！否則，這三天我沒好日子過，你會到處找碴，發脾氣，要性子，還要時不時地考驗我的反應，問我到底該不該買。我要是說該買，你就說：『說得這麼痛快，好像你多闊似的。』我要說不買，你又會說：『我混了這麼多年還不能買件貴衣服？』反正我怎麼回答都不對，求你了，從我的零用錢裡按月扣，今晚就去買了吧。」

嗯，這覺悟，不愧是被我睡了十年的人。

若這三天不買，每天打開衣櫥我都會感慨：這件襯衫多麼適合配小皮衣啊！這件洋裝搭小皮衣最好看了！要是有件小皮衣能配這條褲子，是多麼fashion啊！

另外，還有很多無法預知的感嘆。

所以呢，買，就是為了痛快，擁有的那一刻，我就爽了啊。

然後我就去刷了卡。

次日在一個微信群組裡聊到這事，一個直男冒出來，「幸虧我單身，沒娶你們這種敗家老婆。」

我敗家？是你眼瞎好不好。

是時候給直男們糾正一下敗家的概念了。

女人愛美，男人好色。不讓女人穿衣打扮，就像不讓男人長鬍子一樣難。這是天性，壓抑不得。我的衣櫥永遠不會滿，因為每一季我都要精簡，一年穿不過兩回的，要麼打包送人，要麼塞入社區的環保回收箱。

為什麼每一季都要買？因為我每季在變，原來的衣衫，很快就配不上我了。

無須後宮佳麗三千，但也要七十二妃四角齊全，每天早上打開衣櫥大門，我就是君臨天下的帝王，她們個個千嬌百媚，映襯我富可敵國的辰光，朕今天想寵幸誰就寵幸誰。

地攤貨我穿過，就像男人發達前娶的醜老婆。不是因為多喜歡，而是因為沒得選。

十幾年前我剛入職，拿著沒多少的試用薪資，驚訝地發現我們公司的女經理，光一套上班套裝就超過我一個月的薪水。混熟了之後，一次聚餐時，我鼓足勇氣問女經理，「這衣服為什麼這麼貴啊？它到底貴在哪呢？」

她笑著對我說：「小李，你們年輕人身材好，基本穿什麼都好看。但人到了一定歲數，身材開始走樣，好的衣服能修飾身材缺陷，讓人顯精神，顯年輕。」

這話我記了很多年。直到許多年後，我也開始有了偏愛的品牌，也捨得每年獎勵自己幾件名牌，我才明白真正的差別，是一個叫「品質」的東西——它們代表著更高的科技、更健康的生活、更環保的理念、更有益身心的體驗。

所以現在，我捨得在關於品質的一切事物上花錢。它們讓我更加自信和自愛，也讓我更願意去分享和愛人。

所以，買包購衫與敗家無關，追求品質與敗家無關，喜歡享受與敗家無關。

什麼才是真正的敗家？

你去搶購打折的蔬菜，一星期都吃不完最後全部腐爛，這才叫敗家。

你囤積保鮮期將至的食品，一不留神放到過期只好丟棄，這才叫敗家。

你去地攤挑一件一百元的衣服，洗一次就起毛球、縮水、變形，只能當抹布，這才叫敗家。

你跟風買一堆質低、價廉又無用的物件，占據一坪幾十萬的房子，這才叫敗家。

我一直信奉，過日子量力而行，寬裕就有寬裕的花法，拮据就用拮据的過法。

若我分文不賺，人窮志短，還要打腫臉充胖子去跟別人比吃穿，你可以說我敗家。

若我入不敷出，囊中羞澀，還要拿捉襟見肘的家用去買個滿足虛榮心的PRADA，你可以說我敗家。

若我不思進取，好吃懶做，一邊啃父母，一邊啃老公，還要揮金如土的物質享受，你可以說我敗家。

但是，我勤奮努力，能賺會花，那麼，誰也沒資格說我敗家。

有句廣告詞說：你花的每一分錢，都在為你想要的世界投票。

沒錯。從前我自欺欺人，看著櫥窗裡的流光溢彩，對自己說「沒必要」。其實不是沒必要，是自己的錢未到，是我沒有底氣相信自己配得上更好。

當一個女人真正實現精神和經濟的雙重獨立，她就會更加懂生活，愛享受，關愛家人也取悅自己，更有送得出也收得起的底氣。

你花的每一分錢，都是在接近自己的理想生活，都是在為自己的愛負責。

那件小皮衣，我自己當然買得起。為什麼還要回家問老公？為什麼還要刷他的卡？

因為他是我婚姻的合夥人，是我同床共枕、休戚與共的愛人。**我買得起是一回事，享受他的寵是另一回事。**

就好比，他在家我連瓶蓋都擰不開；離開他，我隨時能徒手撕鐵盆。

若直男再問你，「其實過日子，實用的衣服就那麼一、兩件，怎麼還用月月買？」

你就回他，「其實一輩子，能生的孩子也就一、兩個，怎麼還要天天啪？」

女人只有最美的姿態，沒有所謂最好的年齡

沒為夢想拚盡全力，你就永遠不懂這一程有多少收穫。
沒為自我決然堅守過，你就永遠不知道路的盡頭有多豐厚的禮物。

至今，我仍清楚地記得二十九歲那年，從心底漫散開來的恐慌——那種唯恐青春逝去、唯恐老之將至的恐慌。因為害怕，怕從此步入灰撲撲的三字頭人生。

於是磨刀霍霍，時刻準備著與時光交鋒，與流年短兵相接。

於是戰戰兢兢，把對衰老的抵禦和對抗，視作女人終其一生的正面戰場。

如今回望來時路，發現我和身邊許多的三字頭、四字頭的女人一樣，活得比二十幾歲更熱

辣、更豐盛。

我們從未被衰老剝奪了什麼，反而被它賦予更多。

今年一次沙龍活動上，我重遇了兩年未見的Sophia。她神采奕奕，笑容清朗，看上去比幾年前更加年輕，但懷裡竟然還抱著八個月大的老二。

五年前我和Sophia認識的時候，她是一家知名培訓機構青島區域的ＨＲ總監。我們並不熟絡，後來在她的朋友圈貼文看到她已去德國進修。我一直以為是公司派出去的。直到這次重遇，我才瞭解，這幾年她走了一條如此勇敢又精采的路。

二〇一二年，Sophia從ＨＲ經理升為總監。她總是和善溫暖，讓人如沐春風，先生溫文儒雅，兒子聰明可愛。這幾乎是三十歲女人標準的人生贏家模板。

但這不是Sophia想要的模板。

她對古建築有著特殊的情結。多年來利用各種假期，訪遍各地古建築遺跡，從故宮長城到福建土樓，從古祠牌坊到園林名亭，從廟宇道觀到古城村落。三十五歲，她第一次申請了德國安哈爾特大學歷史建築保護研究所。

為邁出這一步，她考了三次國際英語測驗——ＩＥＬＴＳ雅思，做了未來兩年的家庭收支預算，安排好了全家老小的日常，在與先生正式商量赴德進修計劃的啟動時，卻撲面迎來一個霹靂。

先生羞愧又懊悔地向她坦白，家中全部積蓄被他拿去投入股市，本想大賺一筆給她一個驚喜，卻遭遇暴跌被死死套住。

Sophia對我說，當時只有一個念頭，就是離婚。我能想像，那種被氣憤、屈辱、心痛以及恨鐵不成鋼的情緒夾雜在一起的衝擊，是如何痛徹心腑。

「後來呢？」我問她。

她笑，「還能怎麼樣？事情已經發生了，他也很後悔，覺得很對不起我。那就一起面對。」

Sophia把留學計劃推遲了一年。這一年，她一邊開源節流緩解經濟困局，一邊修復感情度過婚姻危機。

一年後，她正式收到錄取通知，辦好簽證，取得先生和兒子的支持，向公司提交了辭呈。

Boss挽留，「你現在的位置，要在這時候辭職，就意味著年終獎金、股權、分紅，都自動放棄了。」

親戚議論，「三十好幾的女人，有家有子，放著好好的工作不做，要出國讀書？不賺錢，還得多花錢，腦子壞了吧？」

朋友規勸，「你有名校學歷，有名企高薪，就算要出國鍍鍍金，但學什麼古建築嘛！回來上哪再找高階主管的職位？」

這就是一個女人，現實與夢想間的博弈。

我看過太多人戰戰兢兢思索，小心翼翼衡量，生怕做了「ＣＰ值」不高的抉擇而無力挽回，最後只得讓夢想屈從現實，抱憾終生。

Sophia說：**我二十六歲時沒有條件和資本去做，如果三十六歲還不去做，恐怕未來就再無可能。我若付不起眼下的代價，那以後就更付不起了。現在我想好了，這個成本我願意承擔。**

她堅定地飛去了地球另一端。重歸大學校園，像重回熱氣騰騰的青春，白天上專業課、泡圖書館，晚上練口語，週末做海外代購。

她的耐心、細緻和盡職盡責，讓她擁有極佳的人緣和口碑。這份無心插柳的兼職，竟成就了第二份事業——她用代購收入支撐了留學的全部費用，不用花一分積蓄，並且仍有盈餘。

兩年後的今天，Sophia坐在我的對面，她不再是頭頂光芒的ＨＲ總監，卻有了更多身分——雙寶的媽、家庭保險顧問、理財規劃師。

她在產假期間，考取了專業證照，邊帶孩子邊兼職。她細緻地為我講解普爾家庭資產四象限，幫我選擇理財和保險產品，比較費率，解讀條款。她自嘲：我並不是一個優秀的銷售，但我是一個稱職的顧問。

身邊眾多女人還在為要不要生第二胎糾結，為職業晉升還是轉型猶豫不決，為拚殺職場還是回歸家庭搖擺不定時，Sophia把一切雲淡風輕地化解。

最重要的是，她變得更美了。笑容裡有少女般的透明，眼眸熠熠生輝，臉龐光澤盈潤，那是一種洗練淡定的賞心悅目和具足圓滿、一切安然的美。

她說，在回國之後，其實遭受了更多質疑：

「進修一趟有什麼用？還不是照樣回來生老二？」

「總監的位子不珍惜，現在倒好，淪落到去賣保險。」

「真不知道她折騰這一趟是為了什麼。」

……

他們怎麼會懂，Sophia這三年，過得比許多人的三十年都豐沛。

留學經歷讓她實現夢想，開拓格局。經濟困頓讓她重學金融，懂得規劃。第二個小孩的到來，讓她完成二次轉型，成為更成熟的女人。

他們也不會懂，Sophia邊做全職媽媽，邊用她的專業和敬業，與更多精英女性並肩而立成為合作聯盟。

他們更不會懂，Sophia已經在策劃她畢生熱愛的事業——關於古建築保護公益計劃的啟動。

這份成就和快樂，是她眼裡的光亮，是她心中的火把，是她變得更美的全部緣由。

女人一生也許根本就沒有完美的選擇。有人要事業成功，有人要婚姻完滿，有人要夢想綻放，有人要兒女成雙。所謂美滿和平衡的結果，無非就是讓自己擁有的那份繽紛茂盛，成為幸福與滿足的源泉。

真正的勇者，不只是勇於選擇，更勇於將這個選擇變得無比正確。

我曾經崇敬的女人，是以智識為刀劍，風風火火，攻城略地；或以才華為武器，東征西伐，縱橫捭闔；或以膽識為鎧甲，勢如破竹，寸土必爭。

但現在，我更羨慕Sophia這樣的女人。

她們潤物細無聲，卻敢於聽從內心的吶喊，不畏艱難困苦，阻力重重，心口始終寫一個勇。她們經歷過失望，遭受過傷害，仍能在失望與傷害之後將自己拯救。她們沉心靜氣地接納生活的鹹澀，寬宥他人的錯誤，忘卻煎熬的苦楚，讓自己永遠擁有清澈美好和熱情飽滿的生命。

什麼陽春白雪，什麼崢嶸歲月。

沒為夢想拚盡全力，你就永遠不懂這一程有多少收穫。

沒為自我決然堅守過，你就永遠不知道路的盡頭有多豐厚的禮物。

當一個女人有靜氣也有深情，懂得折返也敢於逆行，能在暗夜裡忍耐，也能在陽光下招展的時候，她的美，就再也不會隨年齡而凋敝耗散。

有人心有惴惴，唯恐四面楚歌。有人紅顏鏗鏘，只管邊走邊唱。

如今我深信，讓一個三十歲女人無懼衰老的理由，有太多太多——是閱歷、學識、氣度，也是自我、情愛、財富。是你讀過的千卷書，行過的萬里路。

更是你對自己永不止息的愛，對夢想永不放棄的追逐。

女人只有最美的姿態，沒有所謂最好的年齡。

讓強大的女人活得更好，就是替天行道

疲憊紅塵裡顛簸，泥沙俱下中掙扎。
她們讓我看到，「努力」不是一個泛泛的口號，
而是一個個真實的動作，被生活抽打、在命運捉弄之後，依然不放棄自己的動作。

讀者群裡有一位媽媽，在我剛開微信公眾號的時候就認識了她。她獨自撫育一個腦性麻痺的孩子，丈夫丟下母子倆不告而別，公婆把孩子問題全歸咎於她，斷絕關係不聞不問。

她無法工作，靠著微薄的低收入戶補助和父母的資助，一養就是五年。每天的生活，就是帶孩子做復健，照顧孩子的吃喝拉撒。孩子越來越重，她每日背著他爬頂樓，汗流浹背，雙腿顫抖。

她唯一屬於自己的時間，就是晚上孩子睡著後，能安心坐下來，上網看看喜歡的文章。每隔一段時間看不到她的留言，我就會惦記，傳訊息問她近況。她總是很平和，從不訴苦，從不抱怨，只是說，心疼孩子不能像正常孩子一樣長大。

我每次和她聊天都很心痛，總想著怎麼能幫幫她，她卻反過來寬慰我說，命運給什麼是無法選擇的。她已經為孩子的病盡了全力，如今基本已經定了性，專家也給出了存活期限。她接受現實，她說，**後面的日子，盡全力好好過。**

兩年前我認識了一個創業的女性。比我還小好幾歲，北京、上海、廣州輪流飛，談案子、拿投資，永遠神采奕奕，不知疲憊。我暗暗猜測過她的背景，可能是個富二代。

直到後來一次偶然的深談，才知道，她年紀不大，卻經歷了雲霄飛車般的半生：先是父親心臟病突發去世，對掌上明珠的她來說，無疑是青天霹靂。緊接著，投資被騙，合夥人捲款而逃，不明去向。更諷刺的是，戀愛五年、結婚一年半的老公，在某個夜裡向她攤牌，已與小三情深似海。

她的世界，山崩地裂，全面塌陷，親情、婚姻、財產，幾乎一夜之間棄她而去。

不吃不睡哭了三天。然後，擦乾眼淚，賣掉房子，簽了離婚協議。她腦子裡只有一個畫面，就是電視劇《日出》中，主角陳白露說的一句：我陳白露，能活就活，不能活就死。

五年後的今天，她坐在我對面，像講別人的故事一樣平淡。卻再也沒人知道，那個不識愁滋味的「小公主」，要脫幾層皮，才能成為行走的鏗鏘玫瑰。

演員劉曉慶在自傳《人生不怕從頭再來》中有段話特別好：回憶非常苦痛，幾乎要了我半條命。我用生命去經歷，也用生命在回憶。我不後悔。我的這段人生，相當於活了幾輩子。自豪自己俯仰不愧，此心光明。明白盈縮之期，不但在天。

前幾年我特別熱衷於名人勵志故事。讀她們的傳奇，彷彿自己的人生也跟著澎湃起來。

現在我依然敬佩她們。但我更願意，從身邊那些平凡的、卑微的、籍籍無名的普通人身上，去發現光亮，她們帶給我的感動和震撼，遠超那些光芒萬丈的明星。

不是只有名垂史冊、功在千秋的人，才配稱傳奇。那些挺過了災難折磨，從鬼門關走回來的女人；那些熬過了婚姻潰散，脫了皮又活過來的女人；那些經歷了事業坍塌，從雲端跌入泥濘，又從泥裡開出花的女人——每個女人，都是一部傳奇。

疲憊紅塵裡顛簸，泥沙俱下中掙扎。她們讓我看到，**「努力」不是一個泛泛的口號，而是一個個真實的動作，被生活抽打、在命運捉弄之後，依然不放棄自己的動作。**

作家馮唐有個名句：我們彼此相愛，就是為民除害。

只有死過一回的女人才懂：相愛，是活下來之後的奢侈。

為民除害之前，你得先活下來。

讓強大的女人活得更好，就是替天行道。

你選擇成為誰，
就決定了你遇見誰。

女人三十，誰不曾是生活與感情的囚徒

當媽是條幸福路，它讓我們的生命得到昇華，從此有了不可複製的多重體驗。當媽也是條不歸路，它讓我們拋棄對過去的沉湎和追憶，只能永不回頭地往前走。

在我的另一本書《你才是自己的過來人》自序中，我寫過：「常常覺得，我真正的人生，是從三十歲才開始的。」因為在這一年，我真正成為一個集女兒、妻子、母親多重角色於一身的女人。讓我成長的，是來自各方的壓力。

而給我壓力的，不是三十歲本身，而是這個年齡附加給我的諸多身分與責任。

在一項由某品牌發起的全球性「壓力」調查中顯示，人們普遍認為三十歲是男性的黃金年齡，而對於三十歲的女性，人們則普遍認為她們最美好的年華早已逝去了。

為什麼如此多的人都這樣認為？因為二十七到三十歲，幾乎是每個女人在成年後面臨重大轉折的幾年。即使它是女人的黃金年齡，也絕不是一個輕鬆的階段。

大多數都市女性，都會在三十歲左右迎來自己的第一個孩子。走得更快些的媽媽，已經一鼓作氣地生完了老二。

然後呢？生只是一刻，養才是一生。

數不清有多少人問過我：女人的家庭與事業，到底該如何平衡？

我的答案永遠都無比肯定：只有選擇，沒有平衡。

那些慶幸有老人家能幫忙帶孩子的女人，最晚在產後五個月，成為和我一樣的職場媽媽。尚未完全恢復的身體穿梭於公司電梯間，背包悄然換成了媽媽包——要裝保冰袋、擠奶器、保溫袋。又或者，選擇早早給孩子斷奶，以便為工作安排出差。

我在生完孩子三個月之後，返回工作崗位，因為產前，我已經休了兩個月的安胎假。

為了支持我工作，我的父母只能從老家來到青島幫我帶孩子。每年年底我最忙的階段，出差一走就是十天半個月，我只能讓父母將孩子帶回老家。而在我終於忙完年終考核、晉升、年會、總結等所有工作，終於盼到放假想好好陪他的時候，得到的是孩子的擺手和哭鬧：**不要媽媽！**

那種辛酸，無法言表。

我不是不懂，孩子最需要的是陪伴。我不是不知道，三歲之前最重要的是建立安全感。但現實是，我還有物質需求，想給孩子提供更好的生活。我還有責任擔當，想和老公一起分擔養家還貸的壓力。我還有獨立夢想，想為微不足道的自我再付出一點堅持。

無數次想放棄，又無數次逼了逼自己。

你說生育不影響女人事業的發展，那是騙人的。

我曾看到女同事，向上司請假參加親子活動時，一臉的為難和抱歉。

也曾有女員工對我坦言：明知道客戶滿意度是最重要的ＫＰＩ指標（關鍵績效指標），但孩子已經在託兒中心寄放了兩小時，老公長年出差，她只能準時下班往家趕。

還有新手媽媽同事在我面前泣不成聲，為了保住工作和收入，孩子只能寄養給千里之外的公婆。無數個夜晚，當媽的心，被思念撕扯成碎片。

我知道，她們都盡力了。在好員工與好媽媽之間，無法兩全。

日本超人媽媽吉田穗波帶著兩個孩子申請入讀哈佛，凌晨三點起床讀書，留學期間懷了老三、老四。畢業後回國，又在名古屋大學拿到博士學位，暢銷書出版時，第五個孩子也出生了。

Facebook首席營運長雪柔・桑德伯格，嚴格把工作時間限定在早晨九點到下午五點半之間，其餘時間屬於家庭和孩子。

既是主持人、也是企業家的精英女性楊瀾育有兩個孩子，在家中像公司一樣建立了由司機、保母、雙方父母等眾人組成的支持系統。

很遺憾，她們都是「別人家的媽媽」。

而我們，還在為存款疲於奔命、為學區的房子糾結不安、為三十歲危機焦慮茫然的職場女人，唯一能做的，只有犧牲自己的睡眠和休閒，拚盡全力去給孩子一點高品質的陪伴，竭盡所能去彌補一絲愧疚和虧欠。

當全職媽媽就輕鬆嗎？非但不輕鬆，甚至比職場更艱難。

三百六十五天全年無休，二十四小時隨時在線。永遠沒有晉升獎勵，永遠沒有考核標準，永遠沒有績效獎金，想要一句認可和表揚，都是疲憊生活裡的英雄夢想。

她們像超人一樣存在，卻又像螻蟻一樣被忽略。

貌似擺脫了職場焦慮，實際卻承受著更大的心理壓力：沒有收入的不安，技能退化的恐慌，社交狹窄的惆悵，資訊閉塞的自卑。甚至可能還有：來自外人的閒話，婆婆的白眼，老公默不作聲的嫌棄，孩子有口無心的比較。

這個社會的價值評價體系，從來沒有為全職媽媽做過設計。

更悲哀的是，在世俗評判標準裡，還存在著一條隱形鄙視鏈——

全職媽媽看不起職場媽媽：在孩子最需要你的時候不陪伴，太自私！

職場媽媽看不起全職媽媽：一有孩子就不思進取、放棄自我，不上進！

好像全職媽媽和職場媽媽一定要互相看不起，才能突顯出自己的優越和正確。

女人何苦為難女人。

無論職場媽媽，還是全職媽媽，都不過是這大千世界一個小小的縮影。

多少全職媽媽也曾是行走職場的鏗鏘玫瑰，多少職場媽媽也曾是身嬌肉貴的千金小姐。

我們無非都是在當媽之後，懂得了拚命努力需要何等勇氣，明白了為母則強是種怎樣的決絕。

全職媽媽有無人理解的辛酸，職場媽媽有不為人知的艱難。

當媽是條幸福路，它讓我們的生命得到昇華，從此有了不可複製的多重體驗。

當媽也是條不歸路，它讓我們拋棄對過去的沉湎和追憶，只能永不回頭地往前走。

誰不曾是生活與婚姻的囚徒，只能在深夜與自己抱頭痛哭。

也許，這就是三十歲艱難的地方。它不是一個終局，只是一個開始。

我們風塵僕僕闖職場，我們嘔心瀝血當媽媽，我們還希望，能無怨無悔地做自己。

在哪裡跌跌撞撞，就在哪裡無畏生長。

我想這就是為什麼，窗外長風獵獵，生活壓力重重，我們依然努力，依然在哭過之後，笑著走下去。

聽說你老婆不聽話了？恭喜啊！

一個男人不思進取，是令女人快速成長的最好時機。
一個女人覺醒成熟，也是迫使男人必須進步的最佳手段。

有個關係很好的男同事對我說：「你寫那些東西，我一個字也看不進去，但我老婆愛看，天天等著更新。」

我白他一眼，「這就對了，我主要就是寫給女人看的。」

他補了一句，「關鍵是她看多了之後，明顯不聽話了！」

恭喜啊，你進步的機會來了。

小時候家住平房，離市場很遠，經常有小商販推車來門前叫賣新鮮蔬果，有一次，鄰居家的馮奶奶買了一串葡萄，幾塊錢，但回家之後，轉頭又回來要退掉，因為馮爺爺不許她買。

馮爺爺年輕時當過兵，脾氣暴躁，馮奶奶和那個年代的所有女人一樣，只是個沒文化、沒工作、沒收入，只生了一串孩子的老太太。

馮爺爺並不缺這幾塊錢，他惱火的是馮奶奶竟敢未經他允許，擅自花錢。

小販自然不肯退。馮奶奶自己沒錢，又急又氣又覺得丟臉，眼淚都要泛出來了。我跑回家告訴奶奶，奶奶給了我幾塊錢，讓我把馮奶奶的葡萄買過來。

這件事過去了二十多年，一直被我清楚地記在腦子裡。什麼是命運？對那一輩的女人，嫁給什麼人，從此就是什麼命運。除了恭敬和順從，她們別無選擇。

在我二十六歲的單身時期，我們有個姊妹淘團體，經常一起吃喝玩樂。吳姊當時三十一歲，是我們姊妹團的頭兒，也是我們幾個當中唯一一個做了媽媽的人。

她喜歡時尚，經常跟我們一起買時尚雜誌，我看過她反覆試穿一條杏色洋裝，最後又默默放回。她喜歡波浪鬈，幾次去詢問髮型師，最終還是沒勇氣坐在美髮店鏡前的椅子上。

這一切，都是因為她老公不喜歡。於是她總是一張素顏，清湯掛麵的直髮被一根棕色髮圈紮成一束馬尾，身上的顏色永遠是黑棕灰。

我曾問她，「喜歡為什麼不買呢？你又不至於買不起。」

她說：「算了，不想回家為這些吵架。」

多少女人就這樣無聲地妥協了。

劉若英演過一部電視劇《新結婚時代》，劇中她飾演的北京女子跟隨老公回鄉下婆家，嚴冬裡，帶病也要做飯、洗碗、伺候一家老小。大老爺們坐著喝酒聊天，親戚誇讚她的丈夫，「你老婆挺聽你的啊！」

男人一臉得意，「她敢不聽！」

但最後，劉若英一個人提前回了北京。

千百年來，男人們都以令女人聽話為榮。尤其眾人當前，對她們呼來喝去，看她們低眉順眼，俯首聽命。可是現在，若還有直男想以此來顯示自己的權力、印證自己的威嚴，那他純屬病得不輕。

今年四月，我們閨密四人從大江南北四個城市，拋夫棄子齊聚揚州，遊山玩水嗨夠三天，心滿意足各自返回。有人在我們的朋友圈發評論，「四個敗家娘們，沒被你們老公休了真是幸運。」

呵呵，我們一致認為，他離被休不遠了。

無論這時代如何進步，仍會有這樣一種男人——他們看未婚女人年齡一過，就必須將自己降價處理、揮淚甩賣。他們看已婚婦女一旦失婚，就是人生最大失敗，永不能翻身。他們要老婆孩子暖被子，前提是老婆要先鋪上一床墊被，等著伺候本大爺入睡。他們看幾個女人不安穩在家洗衣做飯，出門旅行竟還不帶老公孩子，簡直是天理難容，人神共憤。

沒錯，就是這樣的男人，最不能容忍「不聽話」的女人。

為什麼不能容忍？因為他怕。怕失去掌控，失去權威，失去他作為丈夫對女人操控的特權。

可是天亮了，他的特權到期了。

這已經不再是一個用婚姻、用生子去定義女人成敗的時代。越來越多的女人，實現了經濟和人格的雙重獨立。越來越多的女人，寧願選擇高品質單身，也不要低品質的婚姻。越來越多的女人，把望夫成龍轉向自我蛻變和成長。

婚姻的長久和穩定，再也不是靠女人的忍辱負重和委曲求全，而是雙方的平等尊重、信任接納、共生共長。

我想，如果真有女人，在看了我的文章之後開始變得「不聽話」，我願意將這視為對我的最高褒獎。

女人為什麼不再聽話？因為那顆叫「自我」的種子已經迸裂、發芽，她意識到她首先應該成為自己，然後才是誰的妻子，誰的女兒，誰的母親，誰的兒媳，誰的摯友，誰的閨密。

她讀過的書，走過的路，積累的知識、眼界和格局，都令她開始重新構建對自我、對生活、對世界的認知。她更懂得尊重自己，遵從內心的聲音，再也不必拿誰的話當作聖旨。

一個男人不思進取，是令女人快速成長的最好時機。

一個女人覺醒成熟，也是迫使男人必須進步的最佳手段。

我真的想恭喜那些感覺到老婆開始「不聽話」的男人們。

並非幸災樂禍，更不是煽風點火。而是，這才是一個男人真正有危機意識的開始，他再也無法用男性性別、用丈夫身分，去獲取婚姻中的優勢和上風，再也無法用蠻力、用威懾，去贏得女人的服從和尊重。

這也是男人重新思考婚姻關係，開始走向成熟的契機。

若男人依舊徘徊在青黃不接的階段，既沒有老本可吃，又不肯奮力去拚，已喪失原始的生猛和血性，又不具備現代的教養和修為，那他將面對更多失去。

這就是時代的進步，帶給我們的必然。

當然我還想說，不聽話，不代表就是故意唱反調。我並不是鼓勵女人找碴。

對男人言聽計從、俯首貼耳，和與男人針鋒相對、處處硬撞，都不是成熟女人的處事準則。

所謂「不聽話」，是你再也不必一張口就是「我老公說」。你有自己獨立的思想和見解，有豐沛的精神世界，你敢追求、敢嘗試、敢突破、敢超越，再也不依附、不倚仗、不隸屬。

李安說：「我做了父親，做了人家先生，並不代表說，我就很自然地可以得到他們的尊敬。你每天還是要來賺他們的尊敬，你要達到一個標準。這個是讓我不懈怠的一個原因。」

當一個男人不去精進自己，回到家只會剔著牙、蹺著二郎腿當大爺，還一味要求女人聽話的時候，先問問自己：這樣的覺知，你有嗎？

男人不是用來咒怨的，而是用來學習的

若你肯把流淚的工夫，用來流汗。若你肯把咒罵男人的精力，用來精進自己。若你肯把擠胸擠乳溝的勁頭，用來擠時間學習。你就會把怨婦遠遠地甩在身後，成為自己的女王。

作家亦舒說過：當一個男人不愛他的女人，她哭鬧是錯，靜默也是錯，活著呼吸是錯，死了都是錯。

到女人身上也是一樣。當她對一個男人充滿怨懟的時候，他怎麼做都是錯。

回想我陷在怨婦狀態裡的那幾年，最大的特徵就是，時刻帶著一雙自帶放大鏡功能的挑剔眼：我嫌他慢性子，凡事慢條斯理，火上牆都不著急。我嫌他沒心沒肺，一副不知愁不知憂的死德行。我嫌他盲目樂觀，問題當前，永遠只相信好的一面。

甚至，去商場買一雙鞋，他當場換上，把舊鞋扔進垃圾桶，我都要為此打一仗。

「就不能等一等嗎？還差幾天就過年了。原來的鞋又沒壞，為什麼不能留著替換穿？」

他十分不解，「為什麼要等呢？買了不就是要穿的嗎？原來舊的肯定不想穿了才要淘汰啊，留著幹麼呢？」

兒子小時候晚上經常發高燒，我嚇得整夜不敢睡，一會兒怕高熱抽搐暈過去，一會兒又怕燒壞了腦子影響智力。男人最多隔幾個小時醒來摸一把，然後翻身繼續睡。

我罵他狼心狗肺，孩子都燒到三十九度了，他還跟沒事人似的該吃就吃、該睡就睡，到底是不是親爸爸？

他做無辜狀，「你這樣每天晚上都熬著不睡，孩子也不會好得更快啊。」

我氣得恨不得能將他踹下床去。

諸如此類的問題太多，我一度後悔得不得了，為什麼當初要選一個永遠無法同頻共振的人。

有段時間，我被孩子頻繁的脾胃問題折騰得心力交瘁，隨之產生了極大的負面情緒，總忍不住想：為什麼別人的小孩都健健康康的，為什麼偏偏我的孩子這樣？甚至有時候，還對哭鬧的孩子產生無奈又厭惡的複雜情緒。

當我們第N次抱著兒子從兒童醫院走出來時，我心灰意冷，老公扶著我的肩，指著醫院停車場密密麻麻的ＢＭＷ、賓士、Land Rover名車說：「你看，比我們有錢有勢的人多了去了，孩子也照樣生病，都得扛著跑這來。你總是著急上火，把自己弄病了，豈不是更得不償失嘛。」

我依然惡狠狠地將一股怒火發到他身上，「對，我當然不能生病，我要長命百歲地活著，我一旦有個三長兩短，就有別的女人住我的房花我的錢打我的小孩，我是絕不會讓別人得逞的！」

他被我氣得哭笑不得，「好吧好吧，你這麼想是對的。」

但我冷靜下來回頭看，真正意識到，他的心態比我好得多，健康得多。

我總怨他頭腦簡單，萬事不操心。而我呢？動輒焦慮、煩躁，成天一副愁眉不展，為家國天下操碎了心的神情。這樣真的好嗎？

孩子稍不舒服，我就吃不下、睡不著，不出三天，把自己也快拖垮了，這樣就是愛孩子嗎？

不僅如此，我還經常不自知地被情緒奴役。

那年剛從ＨＲ轉型做業務管理，面對業績指標的壓力，經常心煩意亂。兒子嘰哩呱啦地黏著我，我忍不住衝他發火。兒子又驚又怕又委屈，大哭起來。

老公將他帶到隔壁，安撫半天。隔著門，我聽到父子倆的對話。

「媽媽最近太累了，心情不太好，不是故意這樣對你的。每個人都有心情不好的時候，她肯定也很後悔對你發火，我猜她今晚一定會跟你道歉的。」

「真的嗎？」

「肯定會的，相信你也一定會原諒她的。」

「嗯，好吧。」

不得不承認，面對問題，面對孩子，他比我有更多的耐心。

從前我總是急匆匆，時刻高舉「效率」大旗，最見不得那些慢條斯理的人。

但現在我終於肯承認，那些更多的耐心，恰恰是他們性格裡的「慢」帶來的。那些不慌不亂，正是得益於他本性裡的不憂不愁。那些簡單的快樂，也都是來源於他天性裡的陽光和樂觀。

夫妻之間，只有相互影響，沒有單方改造。我們在一起生活的若干年，他對我最大的影響，是讓我戒掉了巨蟹座性格裡沉重的陰鬱，逐漸變得積極、明朗。

很多女性在後台留言，問我如何修復感情，如何原諒對方。

其實，**所有的修復和原諒，都是從自我反省開始，從換個角度看問題、看對方開始。**

你若堅持認為他一無是處，劣行累累，那你就越發悔不當初。

你若肯從中立角度重新面對，想想初心，想想當初為什麼會心甘情願地選擇這個人，你會發現，現在讓你煩心揪心的缺點，恰恰都是當初他吸引你的亮點。

如果我們只是要去羅列男人的缺點，女人們會覺得簡直罄竹難書，三天三夜都說不完。他們自私、幼稚、冷血、懶惰、散漫、涼薄。

但男人身上就沒有優點值得我們學習嗎？

當我們只會用咒怨、不滿、指責來面對一個男人的時候，其實不知不覺間已淪為情緒的奴隸。我們在被奴役的過程裡傷人傷己。

我們將這個枕邊人視為對手、敵人，甚至仇人，我們不遺餘力地打擊、報復、發洩怨怒，最後讓自己鑽進牛角尖，把自己逼進死胡同。

男人的一半是女人，其實女人的一半也是男人。

我越來越明顯地發現，優秀的女人身上，除了女性優勢的突出，也明顯地具備普通女性難以擁有的男性特質——自信、堅毅、冷靜、果敢、專注、執著。這都是我們要向男人學習的部分。

有時候，女人太不善於控制情緒，任由情緒化將我們帶到更加狹隘的領地。我們看到的，只是我們自己以為的。你認為他無情，或許那更多的是理性。你覺得他冷血，事實是他比你更冷靜。

男人不是用來咒怨的，而是用來學習的。

或許你會說，你嫁的這個男人毫無優點，給不出錢也給不出愛，只是自私、貪婪、無止境地向你索取。這樣的混蛋，要向他學習什麼呢？

要我看，他依然有一個值得你學習的優點，那就是——**他比你更懂得愛自己**。不是嗎？

我們要把對男人的怨恨，轉化為對他們的剖析，發掘優點，默默學習，據為己有。

若你肯把流淚的工夫，用來流汗。若你肯把咒罵男人的精力，用來精進自己。若你肯把擠胸擠乳溝的勁頭，用來擠時間學習。

你就會把怨婦遠遠地甩在身後，成為自己的女王。

PART 3

如果他愛你，眼裡會有疼惜

比窮更可怕的，是那個滿口是愛的人，
不思進取，不做努力，不為愛付諸任何行動。
給不了你現在的人，同樣給不了未來。

對男人，你要吵「贏得」，而不是吵「贏了」

成熟的女人，要的不是逞一時口舌之快，而是用智慧和行動，剛柔並用、寬嚴相濟，去贏得對方發自內心的尊敬和認同，而不是膚淺的欺哄。

前幾年，全家追一部愛情電視劇，有天聊到戲中的角色，我對老公說：「這裡面的角色都很真實，唯獨豆腐廠那對夫婦太相敬如賓了。我還是喜歡那種，不高興了張口就讓對方『滾蛋』。」

他靜靜回了一句，「是你風格。」

從戀愛到結婚，我們倆若干年大大小小無數次爭吵中，他一直穩坐亞軍寶座，因為我才是常勝將軍。

我腦子轉得比他靈，嘴皮子說得比他快，理論掰扯得比他清。每次吵架，未等他反應過來，已被我連珠炮轟得啞口無言。我一直為自己這項本領得意揚揚。他多次被我氣得無奈苦笑，「你怎麼能叫李愛玲呢？你應該叫李不講啊。你們姓李的一點都不講理。」

後來，越演越烈。

我這種贏慣了的人，再也無法忍受輸。無論占不占理，我都要靠氣勢和分貝取勝。我本就天生高嗓門，一爭執，音調更是不自覺地就高了八度，橫眉冷對，怒目圓瞪，凶神惡煞，河東獅吼。

有人說吵架是檢驗婚姻好壞的標準。在婚姻裡打過幾年滾，你就知道，什麼叫小吵怡情，大吵傷身，狂吵灰飛煙滅。

爭吵越來越頻繁，怒火越來越暴烈，冷戰越來越持久，感情越來越淡漠。終於在某個狂躁時刻，我無比悲哀地感覺到，我們不像同床共枕的親人，更像不共戴天的仇人。

單身狗們總是不明白，原本好好的兩個人，哪有那麼多可吵的？

當身陷婚姻裡的細瑣，你會發現，可吵的事太多了。

兒子兩歲多的時候，經常莫名腹痛，跑遍醫院查不到原因。中醫診斷是典型的脾胃虛寒。我心疼又著急，在家中立下規矩，不許給孩子吃任何生冷食物，並堅持推拿、艾灸，於是兒子的腹痛很久沒有再犯。

但這一切被男人的一個舉動全毀了。

週末，老公從冰箱裡拿了芒果，當即切了一半給兒子吃了。當天下午，孩子就腹痛起來。我氣炸了，恨不得將房頂掀了。如果殺人不犯法，真不敢保證我會不會拿菜刀剁了他。

我唾星四濺地罵了一小時，各種髒話狠話全放出來了，恨不得當場揪他去簽字離婚然後光屁股滾蛋。

但一個轉身之間，我看到他悠悠然毫髮無傷的樣子，襯得我倒像個愚蠢的小丑，大動肝火口乾舌燥，赤手空拳瞎比畫半天，對方根本不接招。

為什麼不接招？因為敷衍。

為什麼敷衍？因為沒戳到他的痛點。

他自小受西醫理論薰陶，壓根就不相信脾虛的說法，所以，他根本不認為腹痛的起因是冰芒果的關係。

第一次覺得，我在吵架上的嗓門、招數、叫囂、手段，都到了山窮水盡的地步。

怎麼辦？窮則思變。

這一次，我一改歇斯底里的常態，用盡洪荒之力克制情緒，強忍不滿，最大限度用平和的語氣，跟他溝通中醫原理。

苦口婆心半天，他仍將信將疑，不斷提出疑問：

「你看堂妹的孩子，從小吃冰棒喝涼水，怎麼也沒事呢？」

「鄰居家的寶寶，瓜果梨桃什麼都吃，不照樣健健康康、白白胖胖？」

我用盡畢生自學的中醫知識和小兒推拿理論，給他講解幾大經絡、陰陽五行，分析孩子體質與先天遺傳和後天餵養的關係，以及我學到的小兒推拿病例。

最後，我將厚厚一疊中醫養生、推拿和艾灸書籍連同我的學習筆記，搬到他面前，正式對他說：「這就是我這幾個月所做的事。週末你睡午覺，我去上推拿班。每晚八點你看電視、玩遊戲，我在給孩子推經絡。十二點你早已睡著見周公，我繼續給孩子做艾灸。**我比你更有發言權，不是因為我是孩子的媽，而是我比你做了更多功課。**」

他面露慚愧，「你太辛苦了。和你相比，我做得的確不夠。」

「你做得不夠，我沒怪你。但你破壞我的努力成果，讓自己的任性和無腦損傷孩子健康，我絕不允許。如果你有更好的建議，可以提。如果沒有，請按我的方法堅持。」這一次，我擲地有聲，當仁不讓。

他點頭同意，表示支持。

孩子的腸胃終於在我堅持了數月之後，徹底好起來。期間有一次，公婆來照料孩子，公公仍不接受推拿，不肯送孩子去。我不想與公婆正面起衝突，一通電話撥給正在上海出差的老公，把球踢給他。他很痛快地接了，十分鐘後告知我，公婆已經帶孩子去推拿診所了。

我們終於結束了在這個問題上永無止境的爭吵，達成了史無前例的共識。

我知道在這場博弈中，我勝利了。但這勝利不是以往單純的「吵贏了」，而是贏得了他的認同、體諒和尊重。

這一次的經驗，被我很多次複製，也得到了很多次「贏得」。這讓我終於明白，**我要的贏，是與他求同存異，為共同目標去努力，而不是驗證他是否肯對我屈從。**

一場最失敗的爭吵，標準結局就是——

男方不堪吵鬧敗下陣來，「行行行，都算我的錯，你說的都對，行了吧？」

女方揪住不放再補幾刀，「你這是什麼態度？什麼叫算你的錯？本來就是你的錯！」

男方忍無可忍，火冒三丈，「我都承認是我的錯了，你還想怎麼樣？有完沒完！」

女方將事態上升到新高度，「你吼什麼？你再對我吼一次試試？」

……

男女間的爭吵，男人爭的是理，女人吵的是情。

這是男女思維的根本性不同。男人要的是把這件事一清二楚講明白，女人要的是你態度好不好，對我愛不愛。

這也是女人慣有的弱點和劣勢，吵著吵著，就脫離了主題，變成情緒發洩，最後用生氣、冷戰、哭鬧逼得男人妥協，得到一個情緒上的「贏了」，其實對解決問題於事無補，毫無益處。我走過許多彎路，撞了無數的牆，最後才懂得，齊小家如治大國，道理都是相通的——動之以情，曉之以理，軟硬兼施，恩威並重。

男人就像孩子，搞不定的就想逃避，爭不過的就想繞行。女人一味去嘶吼和發飆，只會讓他們麻木、冷漠、叛逆。好一點的，表面服個軟道個歉，下次遇到同樣問題，依然故我。差一點的，越發像管不了的孩子，專門跟你對嗆，你越抓狂他越有快感。

吵架的成本很高。動一次肝火，女人就要爆幾顆痘痘，長幾根白髮，多一些乳腺增生。日子如流水歲歲年年，我們真要這麼毫無意義地吵下去嗎？

其實婚姻裡，贏不贏不重要，解決問題是王道。

要解決問題，光靠情緒，靠任性，靠情不情愛不愛的，根本沒用。

成熟的女人，要的不是逞一時口舌之快，而是用智慧和行動，剛柔並用、寬嚴相濟，去贏得對方發自內心的尊敬和認同，而不是膚淺的欺哄。

好漢不提當年勇，好女不爭一時贏。

吵架也是婚姻裡的修行。我們要的是「贏得」，而不僅僅是「贏了」。

如果他愛你，眼裡會有疼惜

春宵一刻再值千金，也僅僅是一刻。而此生漫長歲月，更多時光要理性度過。感性戀愛，理性結婚。

「女兒別傻，你可以隨心所欲戀愛，但一定不要隨便私定終身生兒育女。」這話，是我十四年前從我的boss那裡聽到的。當然不是說給我的，而是教導他女兒的。Boss的女兒比我小一歲，也是我的朋友，當時在澳洲留學，而我那時也是二十出頭的黃毛丫頭，給boss做助理。某次一起閒話家常，聽boss和太太討論這個問題，他們的一致觀點是：不反對女兒在國外談戀愛，但必須保護好自己，不能輕易懷孕生孩子。

Boss對我說：「你們這些年輕孩子，只知道談戀愛的浪漫，哪懂以後的艱難。」

我是數年之後才懂，為什麼為人父母，都會有如此隱憂。

・不成熟的生育，是對女人和孩子的雙重不負責任

閃愛，閃婚，閃生，閃離——前前後後一年多，小A鏡頭快進般地把四個步驟走完了。當初，兩人一見傾心，乾柴烈火，當月滾完床單，次月中獎兩條槓，兩個月後火速舉辦婚禮，半年後孩子出生。大胖兒子的百日宴擺完沒多久，經歷了老公酗酒、婆媳大戰、妯娌互鬥之後，她抱著孩子，拉著一車用了半年多的舊家具，搬離了前夫的住處。

小A說：鬼知道我這一年是怎麼過來的。

富裕又保守的婆家，家規森嚴，對未婚先孕的兒媳，從一開始就充滿鄙夷。精明勢利的婆家兄嫂，認定小A拿孩子爭家產，心機深重，處處針鋒相對，冷嘲熱諷。浪蕩成性的老公，婚後原形畢現，只顧逍遙灑脫，來去如風，對母子二人不聞不問。這就是奮不顧身的愛情。轟轟烈烈過後，只剩生活瑣碎。

愛可以做，婚可以結，被激情沖昏頭腦的女孩卻不懂得，生孩子意味著什麼——那是對婚姻的最大考驗，那是對一個生命的徹底負責。草率結婚，草率生育，都是極大的不負責任。更無辜的是孩子，要為兩個成年人的衝動承擔後果。

「沒經過戀愛期的瞭解、接納和融合，別輕易結婚。沒經歷結婚後的磨合、溝通和適應，別急於生孩子。」這是小A在成為單親媽媽之後，痛定思痛總結出的教訓。

·生育不可逆，尤其對女人

從前聽女人後悔嫁錯人的哭訴，我一度很不解：當初不都是自己心甘情願的選擇嗎？而在匯總了種種案例之後，我發現超過一半的情況，都是因為意外懷孕後的將錯就錯：原本沒決定結婚，但發現懷孕了；本來打算分手，但發現懷孕了；一開始就知道不合適，但發現懷孕了。

這些女孩，總讓人感覺可憐又可氣——你們早幹麼去了？

就像小C，戀愛談了近一年，小爭執不斷。沒經驗的女孩陷入迷茫，有過來人給了建議：旅行見人品，一趟玩回來，就能確定嫁不嫁了。

於是決定去雲南玩一圈。果然，前兩天的甜蜜期，兩人還能互相遷就，第三天新鮮勁一過，在大理去麗江的路上就開吵了：一個要住民宿旅店，一個想住星級飯店；一個想走馬看花玩個遍，一個要只選兩個景點深度遊。景點的玉龍雪山還沒等爬，小C就被氣哭了。

回家後，小C一氣之下把旅行費用AA平攤結算完，提出分手。男友不情願，拖拖拉拉一個多月，小C悲催地發現，懷孕了。事已至此，生米熟飯，迫於多方壓力和傳統觀念，只有嫁了——這才是雞飛狗跳日子的真正開端。

不到一年，小C臉上胖嘟嘟的嬰兒肥不見了，兩頰垮塌，眼窩深陷。那是無數日夜裡，面對一個三觀不合，話不投機半句多的人，無法抑制的心累和絕望。

小C說，如果沒有孩子，我鐵定跟他離婚。

是的。太多女人和小C一樣，不是不想離，只是一想到孩子就沒勇氣。也不是不想好好過下去，只是談何容易。最終，搖擺來去，糾纏往復，耗在湊合和將就裡。

生育是不可逆的過程。女人要承擔的責任，要付出的代價，從來無人能代替。

這是天性使然。即使是漆黑長夜裡，你孤立無援，即使在無愛婚姻裡，你孤軍奮戰。

自古多是薄情男人甩手不管，而當媽的女人卻從無豁免。

・你有權支配身體，就要做好準備，為後果負責

曾有個大四女生私訊我：戀愛半年多，男友一直要求發生關係，但我拒絕，因為我在家教很嚴的家庭裡長大，思想比較保守。我覺得我們還沒畢業，也從未見過雙方家長，至少要等關係確定下來之後才可以。男友很不滿，說我再不同意就分手。難道我這樣就錯了嗎？

當然沒錯。我知道，這樣保守的觀點早已經落後於這個充斥著約炮、出軌、一夜情的開放時代。但我還是想告訴所有年輕女孩：**當你對一個人沒把握、對一段感情不確定的時候，潔身自愛不是錯。永遠不要輕信男人「愛我就給我」的論調，永遠不要拿自己的身體去試錯，永遠不要因為愛一個人，就放棄對自己最基本的防護。**

我見過許多女孩昂著青春臉龐，志得意滿地信誓旦旦，「我有權支配我的身體。」

沒錯，你有權支配自己的身體，但你有能力為後果負責嗎？

如果「有權支配自己的身體」就是不計後果，一夜貪歡，然後再被醫院輕描淡寫的人工流產廣告詞誤導，傻乎乎地相信無痛就等於無傷害，義無反顧地躺上手術台，這才不是勇敢，而是愚蠢。

還有女孩滿面愁容，一臉為難，「他不願意用保險套，我也沒辦法。」呵呵，我只能告訴你，**這種事，是兩個人的爽，一個人的痛。**「不小心」的結果，如果要留，你極可能重複小A和小C的故事。如果不留，你極有可能承擔感染、粘連、不孕不育的風險。

總之，所有意外的後果，無一例外都是女人承擔。

．別隨隨便便懷孕，別稀裡糊塗當媽

我從不否認愛情的美好。愛情是世間最浪漫、最美妙的情愫，它能滿足感官的享受，也能滿足內心的渴求——精神的、身體的、情感的、肉欲的。

它為我們療癒創痛，撫平傷口，也帶我們上天入地，無所不能。

享受愛，享受激情與美妙，但永遠不要被短暫的歡愉沖昏頭腦。春宵一刻再值千金，也僅僅是一刻，而此生漫長歲月，更多時光要理性度過——感性戀愛，理性結婚。

用兩個人真正的愛，去迎接一個新生命到來。在此之前，別隨隨便便懷孕，稀裡糊塗當媽。

法國作家瑪格麗特．莒哈絲說過：如果男人愛你，眼裡會有疼惜。如果不愛，就只有欲望。

女孩，你一定要記得，永遠不要僅僅因為欲望，而讓自己的人生，走不該走的彎路，撞不必要的牆。

別讓你的婚姻，敗給惡魔

愛情之所以美妙，是一個天使愛上另一個天使。
婚姻之所以惡毒，是一個惡魔勾出另一個惡魔。

長假期間，我頭腦一熱，報了個當日往返的親子遊。因為高速公路大堵車，原本往返四個多小時的路，硬是走了九個小時。滿車人叫苦不迭。

去程時，我與兒子坐在一起，老公與另一小孩的爸爸坐右側第一排，那小孩和媽媽坐在左側第一排。

返程時，老公提出與我換位子，我便坐到了第一排去。

然後這一路，全在聽小孩媽媽不停地抱怨爸爸。

起因只是，這男人忘了退還景點儲物櫃的鑰匙，臨開車前又急匆匆趕回去，好歹還退回了兩百塊押金。

一上車，女人就開始數落，「你就是豬腦子，成天辦這種事，去年去滑雪，你不也是忘了退押金，你這種人就不該出門，氣都氣不完……」

男人不服，反唇相譏，「你不用光說我，好像你沒辦過這種事似的，上次去摘水果，是誰算錯了帳，多花了一百塊錢？你怎麼不說你是豬腦子……」

「我那次情況和你不一樣，而且後來我去要回來了啊。」

「我今天也去要回來了啊，又沒損失，你念個屁！」

「你辦這種蠢事還不讓人說啊，有本事你別辦啊！」

「行了，閉嘴吧。」

他們的孩子很快也開始煩躁哭鬧，「煩死了，你倆吵夠了沒有啊！」

為這點事，他們整整辯論了四個多小時，中間摻雜了無數芝麻小事。

終於挨到青島。下了車，我頭痛欲裂。

說與老公聽，他說：「你知道我為什麼和你換座位了吧？去的路上，那男人念了女人一路，嫌昨晚給他早拔了電源插頭，導致他的行動電源沒充滿電，整整嘮叨了一路啊，我實在是受不了了。」

看，這世上，夫妻就是螺栓配螺母，都是成套的。男人身上有女人的烙印，女人身上有男人的影子。

我曾經在感情中特別認真固執，無理爭三分，得理不饒人。談戀愛時，每次都是老公爭不過我而敗下陣來，賠禮道歉，我還要多番折騰才罷手。

這習慣被我沿用到婚後，發現越來越不管用。

越不管用，我就加大力度，變著花樣更耍任性。

越是這樣，男人就越敷衍塞責。

兒子三歲那年冬天，一次閒聊時，老公對他說：「明年你大一點，爸爸就帶你回內蒙看大雪。」

我當即從沙發上蹦起來，「不行！他才多大？這麼遠的路，那邊零下三十多度，這麼小哪受得了！」

他說：「我只是說明年看看情況，又沒說一定去。」

「看什麼情況？什麼情況都不許去！」

「我只是說想帶他去……」

「想也不准去！」

「那我就偏要帶他去！」

「你敢？我看你有什麼本事。我是他親媽，你敢帶走他試試？」

就這樣，我又一次成功地把一場無關緊要的閒談，變成了一場唇槍舌劍的惡戰。最後的結果是，兒子被嚇哭了，被我爸抱進屋去。我媽聽不下去了，把我臭罵一頓。而我把這一切都歸咎於老公的自私和自我，恨恨地盤算著如何變本加厲地找碴報復。

半夜我餘怒未消，非要把他從被窩裡拎出來掰扯清楚，「你一個男人跟我強算什麼本事，爭贏了很爽嗎？有能耐出去爭，別在家跟我耍橫！」

他嘆口氣，「你還是沒明白。你是兒子親媽，你要說因為氣候怕孩子受不了，我絕對尊重你的意見。但你非要一口一個『不許去』，就把我那股倔勁也勾上來了，你越說不讓我們去，我就越說非要去。」

我想了想，換作我是他，也會這麼做。

惡性循環就是這麼來的。

剛滿三十歲的時候，我曾在一本書裡看到一段情景描述——一個公開場合上，男人正要對某事表達自己的觀點，而他太太嫌他囉嗦，厲聲呵斥：你直接說重點！

作者說，那晚她再也沒敢看那位先生的眼睛。

我當時不解，因為這情形在我的生活裡再尋常不過，這有什麼錯？他就是囉嗦，就是表達不清，就是缺少邏輯啊。

但我現在懂了。**婚姻的裂痕都是從一方傾瀉不滿、發洩積怨、不考慮對方感受開始的。另一**

方在這種刺激下，要麼萎縮，要麼應戰，兩人注定漸行漸遠。

人性裡都有天使和惡魔。

愛情之所以美妙，是一個天使愛上另一個天使。

婚姻之所以惡毒，是一個惡魔勾出另一個惡魔。

當流年暗換，激情成為一盤冷掉的香灰，甜蜜成為一杯溫暾無味的白開水，惡魔悄悄戰勝了天使，讓昔日深情以最冷漠、最尖銳的方式呈現出來。

這些年，我時常以婚姻最低谷的那個時期作為樣本，去剖析、去反思，終於肯承認那幾年，是我的不依不饒促成了他的爭辯，我的咄咄逼人造就了他的敷衍，而他的爭辯和敷衍，又反過來催化了我的不滿與不甘。

和如今那些深夜發訊息給我傾訴的女人一樣，我當初並不曾意識到這一點——受害方恰恰是施虐方，訴苦者恰恰是始作俑者。

那些潰散的感情，那些瀕臨死亡的婚姻，外人很難去評定，到底是男人太弱，把女人逼成了女漢子，還是女人太強，讓男人日漸萎縮；到底是女人嘮叨，讓男人越發逃避和懶惰，還是男人好吃懶做，讓女人成了黃臉婆。

但後果都是一樣的——他們縱容了內心的惡魔，任它們廝殺、毆打、冷戰，最後兩敗俱傷，感情血淋淋，內心冷冰冰，最後終於成了一對**最熟悉的陌生人**。

婚姻越往後走，我越深切地感覺，一段感情的經營中，女人才是引領者。引領這段婚姻走向健康、成熟，引領兩人在修行路上，被重新塑造、重新修訂。

沒有哪份感情不是千瘡百孔。婚姻這襲袍，從來都爬滿蝨子。它不只是男女間的博弈，更是智慧的角逐。它像一面鏡子，折射出的其實是人生的態度和格局。

這世上，那些願意彼此成全的夫妻，不外乎是願意承受一些委屈，放出天使，給對方包容、安撫、呵護。即使在怒火中燒、千鈞一髮的時刻，也肯深呼吸幾下，控制心中的惡魔，別讓它任性衝動，為非作歹。

容易幸福的婚姻，是兩個人懂得如何摸清對方脈門，避開雷區，適可而止，不把對方逼到死角，給別人留有餘地。

這就是為什麼，我越來越少地強求別人，越來越多地精進自己。

我知道歲月曾刻薄相欺，生活有風雨淒迷，但我仍珍惜我們曾經的錦瑟韶光，江湖兩忘。如今紫陌紅塵，今夜疏影橫窗，此生還想共你唱。

自省力，是婚姻經營的基石

在對方的寬容之中自省，才對得起這寬容。
而在他人的寬容裡變本加厲，寬容就成了縱容。

我把閨密團旅行的合影拿給同事看。同事指著從未謀面的F說：我怎麼看她，比去年照片更年輕了呢。

幾乎所有認識F的人，都說她越活越年輕了。不得不說，一個女人的年輕態逆生長，美滿的婚姻起到了至關重要的作用。

F的老公比她大六歲，成熟沉穩，對她呵護有加，關愛備至。前幾年，我們每湊到一起，就羨慕F好福氣。F自己也說，老公很會疼人，大概因他出身貧寒，十六歲當兵入伍，從小就知冷知熱、自強自立。

估計少女們聽了這話，恨不能馬上去部隊找個大六歲的兵哥哥。

其實，F的幸福，並不是全靠這一點。

F說，結婚頭兩年磨合期，也沒少拌嘴。鬧過幾次後，兩人發現，吵架這種事，既無用又傷感情，從此共同立下約定：**所有爭吵不過夜。不管什麼原因，無論吵到什麼程度，冷戰都不能超過一天。當晚睡覺前必須把問題談開、解決，不把情緒帶到明天。**

F老公的大氣，在於他能主動提出，男人應該有心胸，無論誰的錯，他都保證率先破冰。

而F的難得，在於懂得放下女人的小心眼，適可而止地收起小性子，面對男人的示好，她給足面子，讓彼此都有一個緩和的台階。

破冰之後，兩人通常會選擇出門散步，邊走邊剖析，客觀談問題。然後消解情緒，反觀自我，體諒對方，該認錯的就認錯，該道歉的就道歉，最後一起回家，給寫完作業的女兒一個大大的擁抱。

他們夫妻倆之所以幸福，不是男方年紀大六歲，出身農村，吃過苦，也不是女方天生好命，輕鬆嫁得如意郎。這都是表象。現實裡的柴米怨偶，男人一把年紀照樣不成熟、不懂事，女人閒散安逸依舊不溫柔、不體貼的，多了去了。

F婚姻幸福的原因，是他們夫妻都擁有特別強的自省力。問題當前，願意去反思自己，體察他人，而不是一味指責對方。

F對我講過一件事：剛結婚時，他們多次旅行，返程時，F的老公都要給弟弟妹妹帶許多禮物。時間一久，F頗為不悅，「你弟弟妹妹都已長大成人，你又不是暴發戶或多有錢，用得著回回都給他們買這麼多東西嗎？」然後一路甩冷臉給老公看。

但回來不久，F反思到一個關鍵點：老公是家中長子，但因自小家境貧寒，他對弟弟妹妹的疼愛無法用物質體現。這是他成長中的心結。即使如今弟妹已長大，他仍渴望用這種方式，彌補些許兒時的虧欠。

F主動與老公溝通並道歉。沒想到，一個堂堂七尺男兒，竟被感動得紅了眼。

後來弟妹們相繼結婚生子。F和老公兩次深談後，理智地確立了大家庭相處的分寸感，既不損家人間的親密，又擁有各自清晰的邊界。

他們因此擁有了**婚姻裡難能可貴的良性循環：時時自省，坦誠溝通，積極改善關係，夫妻感情越來越好。**

因為親密關係的穩固，他們更加懂得在雙方家人面前維護彼此。結婚十幾年，老公的弟妹十分敬重F這位大嫂，關係處得親密融洽。F那原本苛刻挑剔的公公，也對這位兒媳婦禮讓三分。

婚姻需要理解和尊重，需要接納與寬容，需要用智慧去經營。

但具備自省力，才是婚姻裡最重要的智慧，也是一切經營的前提。

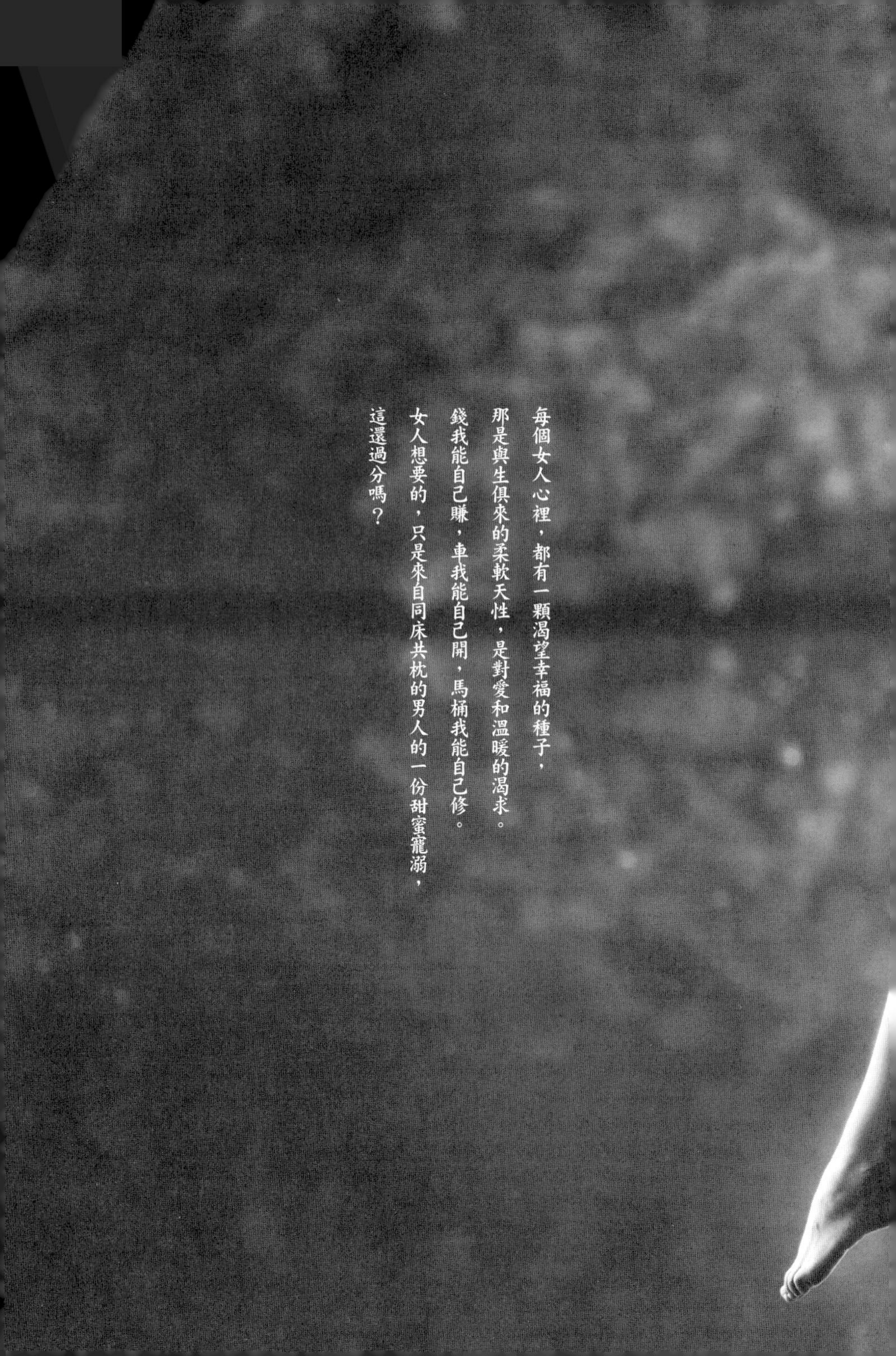

每個女人心裡，都有一顆渴望幸福的種子，
那是與生俱來的柔軟天性，是對愛和溫暖的渴求。
錢我能自己賺，車我能自己開，馬桶我能自己修。
女人想要的，只是來自同床共枕的男人的一份甜蜜寵溺，
這還過分嗎？

二十幾歲時，我曾是個爭強好勝到不講理的人。特別是感情裡，永不認錯，永不低頭，時時刻刻擺出一副「你愛我就該慣著我」的臭德行。

結婚後，我毫無懸念地把這些毛病統統帶進婚姻裡。

他若說：「炒這種青菜，最好不要放醬油。」

我永遠不會思考「改成放米醋會不會口感更清脆」，而是立即跳腳，「有本事你炒啊，做給你吃就不錯了，還這麼多臭毛病！」

他建議，「晾襯衫前，一定要把褶皺拉平，否則晾乾後不容易熨開。」

我絕不會拿來作為生活小百科記錄下來，只會當場火大，「你還經常把洗衣精倒多了呢，還有臉說我！」

很長時間裡，我容不下對方對我的任何一絲否定。只要他指出我一點問題，我一定糾出他更大的失誤來對質。我一定將他比下去，壓下去，找出他比我更差的短處，然後暗暗得意：你比我也好不到哪去！

那幾年，我的狀態就像一隻好鬥的公雞，毛髮直立，劍拔弩張，時時刻刻準備打一場勝仗。在這樣的情感狀態裡，能有幾分幸福，可想而知。

十年漫漫，跌跌撞撞走過去。婚姻讓我懂得了一個深刻的道理——**比起裝睡的人，更難叫醒的，是不肯自省的人。**

從談戀愛時的甜蜜黏膩，到結婚後氣沖沖地爭吵，再到現在，終於可以在安靜的夜裡坐下來，平心靜氣泡壺茶，把要解決的事，有一說一、風清月明地攤開了聊一聊。

你哪裡不對，我哪裡不好。最終，我能低頭，你亦肯彎腰。

在對方的寬容之中自省，才對得起這寬容。而在他人的寬容裡變本加厲，寬容就成了縱容。

我並不想刻意貶低男人，但在現實婚姻裡，男人的自省力，普遍比女人弱得多。

只出錢不出愛，回家就蹺腳當大爺的，把向妻子道歉當作畢生最大恥辱的，做錯事打死都不認也不改的，終日一副「老子天下無敵」德行的，比比皆是。

每當我在微信公眾號發文，寫寫婚姻裡紅塵男女的各自弱點，聊聊女人婚後種種艱辛不易的時候，後台時常有人留言：你們這種女人，要覺得男人不好，有本事永遠別結婚，別找男人。

無語。

我並不是憤恨，我是心疼他們的另一半。**一個女人在婚姻裡的幸福，離不開一個男人的成全。而這種狂妄自大的直男癌，從來不具備創造幸福的能力。**

婚姻裡，那些永不反省、永不認錯、死不改過的人，表面上看是倔強和執拗，背後隱藏的，都是深深的自卑和缺乏擔當。他們不敢正視錯誤，因為害怕承擔責任。

這幾年，經歷了婚姻裡的愛與恨，怕與痛，時常覺得自己突然間像開悟了一般，懂得了那些聖賢之訓——靜坐常思己過，每日三省吾身。

當一個人停止反思自己，便意味著，他就此止步。而更殘酷的現實是——不進則退。

前幾天下班回家，上網叫了輛車。司機頭髮花白，提及年齡，不過才五十多。

他一路跟我聊著，「前些年失業，四處打工，也沒賺到錢，全靠老婆在食品廠那點薪水養家。現在趕上網路時代，能靠技術開個計程車，賺點錢讓老婆高興。」

我說：「你對太太真好。」

他說：「年輕時氣盛，也總吵，現在想想，人家跟了我一輩子，沒享過福，現在老了，更該對老伴兒好點。」

他在前排樂呵呵地笑著，我在後座聽得濕了眼。

眾生皆苦。

當一個人願意對自己檢視和反思，他就對愛的人，有了不捨與慈悲。

而這些，就是艱難婚姻裡，最珍貴的那一點甜。

最狠的婦人心，皆因最冷的負心人

這世界永遠是先謀生再謀愛。
我不是教你狠，這只是活著的成本。

近半年，我一直在一個老同學拖拖拉拉的離婚事件裡充當著情感驛站，斷斷續續收聽她的實況進展。

原因仍是最爛俗的那個——男人有了小三。

她老公是個外人眼裡的好好先生，三年前因公司的新案子接受外派，長駐南方。

今年春節過後，她「意外」地發現了老公出軌的事實。當然，這「意外」是小三策劃的，故意放出痕跡，讓這位正宮娘娘抓狂。

她不出所料地抓狂了，哭鬧著逼迫男人交代了來龍去脈，結果更傻眼——男人已經和小三同居一年多了。

她以一副古裝劇裡標準被打入冷宮的大老婆形象出現在我面前，蓬頭垢面，一臉蠟黃，頂著兩個黑眼圈。一見面就恨恨地說：「男人太會偽裝了，他們在一起睡了這麼久，我竟然現在才知道！」

這就是李碧華說的：情變次等的幸運是，二人情變，有力難挽，他早早讓你知道，幾乎是一發生便告訴你，不浪費彼此的精神力氣，死心後覓一條生路，若你最後一個被通知，才是雙重侮辱。

可偷情的男人都不傻，怎麼肯一發生就告訴你呢？

萬一你一哭二鬧三上吊，找完公婆找他老闆，他丟人又失了身分，從此永無寧日。萬一你跟他拚個你死我活，他賠了家庭又折兵，沒準還搭上半條命。更何況，妻不如妾妾不如偷，他並不打算離婚，只是享受遊走在不同女人床笫間的刺激而已。

但是，男人出軌一次兩次，女人會被蒙在鼓裡，跟人睡了這麼久，女人還發現不了任何蛛絲馬跡？我是不信的。

我問她，「你回想近一年時間，他就沒有一點異常表現？」

她搖頭，「他兩、三個月才回來一次，裝裝樣子當然容易。」

捉姦這事，我沒實戰經驗，但沒吃過豬肉，還沒見過豬跑？

我給她列舉幾條——

・比如，他往家裡打電話的頻率是不是越來越少？你打電話給他是不是經常不接？接起來也藉口說忙，敷衍兩句草草掛斷？

・比如，幾個月回來一趟，不主動與你親熱，住幾天就說有事，匆匆趕回去。

・比如，各種藉口不讓你去他的城市，你去了也毫不熱情，兩天就趕你回來。

・比如，原本月月上繳的薪水，開始不按時了，變著法兒私藏小金庫。

・比如，對你越發不耐煩，各種挑剔，各種嫌棄，橫豎看不順眼。

……

她想了半天說，是有類似的苗頭。

「有那麼一瞬間我也懷疑過，但想想他那種老實又膽小的木頭，要錢沒錢，要貌沒貌，能跟誰出事？我當時就那麼一想，也就過去了。」

她不是沒察覺，她是本能在拒絕。她不是不能信，她是主觀上不願信。

人必自辱，而後人方辱之。女人必先自欺，然後才被人欺。

女人的笨和蠢，不是智商，而是在這些原則問題上沒立場。掩耳盜鈴、諱疾忌醫，就是不肯動動腦子把事實理一理。明明看出了端倪，還偏要毀屍滅跡。

所以，男人出軌，聲稱自己是最後一個才知道的女人，其實未必，她只是最後一個肯承認罷了。

為什麼？因為她們怕。

怕淪為棄婦顏面盡失，怕婚姻圍城轟然倒塌，怕平靜生活從此改寫，怕自己無力承擔後果，更怕的是，看清這個男人的花心和無情。

於是她們自動開啟傻瓜模式，將可疑的線索自動掩埋起來，不想，不理，繼續自欺欺人地過下去。直到事情敗露，小三挑釁，男人攤牌，人言如沸，場面不可收拾，又開始叫苦連天，悔不當初，飲泣成恨，悲從中來。

我不是鼓動女人們都要有神經質和疑心病，動輒疑神疑鬼，不依不饒，鬧得人仰馬翻，不得安寧。我只想說，在出軌比出國還方便一萬倍的今天，婚姻真的不再固若金湯。

永遠別低估自己的第六感，直覺告訴你有問題，十有八九就是有問題。

我也不是要你草木皆兵，杯弓蛇影，不是讓你頭腦一熱就去瞎鬧。我更想說的是：兵馬未動，糧草先行。**既然要做，就要想好真相揭穿後怎麼辦。**

其實，一旦出軌是既成事實，原諒和放棄，哪條路都不容易。

西漢司馬相如想納妾，卓文君大義凜然作一首〈訣別書〉，一句「錦水湯湯，與君長訣」，直接給大才子滅了火。民國胡適與文青表妹同居，江冬秀一手扯過一個兒子，菜刀架在脖子上，以命相搏，讓胡大師死了心。

但那是她們，不是你。

若想打婚姻保衛戰，就去做最大的努力，拿出實際行動，用點心機、手段，看男人是否誠心悔過，斷絕關係，再去用心經營，修復感情。但你要明白，**所有復合的前提，都基於你們還愛著。**

若氣數已盡，無可回頭，那就省去哭的力氣，為自己找好後路，啟動Plan B，時間成熟就和平分手，把對父母孩子的傷害降到最低。

若渣男行徑令你忍無可忍，那就不動聲色地蒐集證據，請好律師，找準時機直中要害，將主動權牢牢握在自己手裡，為自己多爭取一點利益。

這世界永遠是先謀生再謀愛。我不是教你狠，這只是活著的成本。**婚姻需要睜隻眼閉隻眼。但閉的，應該是雞毛蒜皮、無關原則的那隻。而睜著的，永遠是心明眼亮、保持理智的那隻。**

如果你搞反了，那離狗血劇情就不遠了。

男人出軌未必是你的錯，而在禍患之初不作為，縱容星火燎原，默許事態發展，還自以為是智慧和大度，那一切就是你的錯。

不是有句話嗎——男人為什麼討厭女人猜疑？因為她們猜得太準了。

別以為女人弱不經事，大敵當前，她們瞬間能變身福爾摩斯。

也別扯什麼天下最毒婦人心。最狠的婦人心，皆因遇上最冷的負心人。

感情禁不起假設，你只負責好好過

我真正的選擇，只會出現在這情況真正發生的時刻。我不假設，我只負責現在好好過。

去年秋天，我去看望剛生完寶寶的姊妹M。她恢復得非常好，臉色紅潤，神清氣爽，完全沒有新手媽媽的臃腫和疲態。粉雕玉琢的女兒躺在小床上睡得正香，M的媽媽在陽台晾晒剛洗的尿布，老公在客廳研究新買的副食品調理機。標準的歲月靜好。

兩年前，M結束了上一段婚姻。前夫是名校學霸，品正貌端，勤學上進，工作體面，收入穩定，家世良好的優質男。M也分毫不差。顏值、學歷皆高，身材、性格都好，大學裡的女神，公司中的司花。

當年兩人經人介紹，家境、學歷、各路背景旗鼓相當，堪稱絕配。按部就班地戀愛，水到渠成地走進婚姻。

五年時間，外人眼中的郎才女貌，無法改寫現實裡的冷暖自知。一個熱衷考職稱，一個喜歡追美劇；一個想去看世界，一個只想宅在家。默契漸行漸遠，興趣點越來越get不到一起。後來便分房睡了，從互不打擾，變成了互不干涉。就如歌裡唱的：我們都沒錯，只是不適合。

最後，兩人平心靜氣地談分手。

M說：「他是個好人，可好人不見得就適合做夫妻。若是想湊合，也不是不能，可後半生這麼長，我們都不想這麼過。」

他們謙讓而公平地分割了共同財產，和和氣氣地辦完了所有手續，分手後，兩人還保持著朋友間的問候。這是我見過的，分得最友好的一對。

分開後，他們各自找了新的伴侶。

M說：「很多人認為，我放棄了一支潛力股，去選個學歷、家世、工作都不如前任的男人。但**既然決定了，我就不會再假設若是不離會如何如何，我只負責好好過。**」

這話，真的太讚了。

我是很多年之後才想明白，**為什麼我過得心累？其實是因為自己內心戲太多。**

那幾年在婚姻裡橫衝直撞總是不如意，我總忍不住做假設：如果當初選的不是這個人，那現在過的，會不會就是不一樣的生活？

如果當初，選那個為我一句玩笑就真去買二十斤香腸，無怨無悔等在樓下的青澀男孩，現在是否依然那般寵我？如果當初，選那個讀余華、寫長詩、為我洋洋灑灑提筆不輟的藍顏知己，現在是否會懂我的滿心落寞？甚至我還假設，如果當初放棄原則，咬牙選了那個想高價買我青春的人，活得無比勢利虛榮，是否也比當下這長夜清冷好過？

可是，在我與過往糾葛多時之後發現，那些假設，統統不成立。**若是當初會選，當年也就選了。既是沒選，重來一次也仍然不會選。當下就是此刻，容不下多餘的假設。**

我在心裡狠狠鄙視過自己，從此收起這些妄念。

這幾年，感情上放下偏執，反倒通透順遂太多。

常有女孩深夜留言，字字血聲聲淚，最後問：姊，如果是你會怎麼做？

不是不肯給她回，而是無法給她回。

若在前幾年，每個狗血案例，我都會拿來安在自己身上模擬一遍——老公出軌、婆婆刁蠻、小三賤貨妖豔。而我，該如何使用孫悟空的十八般武藝，如何招招致命，一劍封喉，打得他們落花流水丟盔棄甲。有時意淫到得意忘形，恨不得讓它們真正發生，好讓我大展拳腳一試身手……

現在回頭想，覺得自己真是吃飽了撐著，腦子有病。

前幾天有人問我：若你家先生出軌，你會離婚嗎？

因為這情形是假設的，所以，我說會，這答案是假設的；我說不會，這答案也是假設的。

這種事，沒有感同身受。針沒扎上之前，和扎上之後，體會是完全不同的。

其實怎麼選都沒錯。最痛苦的煎熬莫過於，想選忍，怕太苦；想選離，怕太難。於是：

離了的日夜後悔——假如當初咬碎牙齒和血吞，好歹維持個虛假的完整。

忍了的終日不甘——假如當初狠心跺腳讓他滾，至少賺了個心裡的痛快。

所以，我真正的選擇，只會出現在這情況真正發生的時刻。

所以，我不假設，我只負責現在好好過。

女人的假設通常就兩種：一種叫「如果不是你」，一種叫「如果會是你」。每一種，背後都透著虛弱和無力。因為，假設，是執行成本最低、操作最簡易的推卸責任——你看，我是為你放棄了更好的選擇，這個爛攤子都是你造成的。

而那些像M一樣不假設、不糾結的女人，多餘的廢話從不說。要麼，勇敢擔起沉沒成本，認錯改錯，調轉船頭，重建自我。要麼，立足當下，少哀怨，勤經營，打起精神，全力過好當下。

作家木子美說：「若不是因為你」是最無力的假設。這世上若是有後悔藥，人口能減少一半。

講真的，女人千萬別傷心傷肺地找自虐。有那些糾纏往返妄想的精力，不如用來多妝扮自己。別把腦子浸淫在宋慧喬長腿歐巴的韓劇中。睜開眼，我們都活在現實的倫理劇裡。

一起好好吃飯，就是高品質的陪伴

兩個在愛裡的人，對著一塊豆腐乳一樣感覺秀色可餐。沒有愛的伴侶，山珍海味，依舊兩相無言，食難下嚥。

多年來，我一直以一個「高效能人士」自居。因為我性格爽利、做事乾脆、條理清晰，遇事從不優柔寡斷，工作從不拖泥帶水，我喜歡把時間最高效率地利用，不想浪費一分一秒。別人評論我，「除了跑步不快，別的都快。」

我始終將這視為褒獎。一寸光陰一寸金啊，在我眼裡，像我老公這種上個廁所比生孩子還慢、能蹲著玩半小時手機的，簡直是犯罪。

今年我明顯更忙了：工作上壓力大，高層管理團隊三天兩頭就要開會。手頭正在做的案子還差一半，全員都等著下個月落實執行。每週要寫三篇原創文章，小編盯我比盯囚犯還緊。每晚下班後更新微信公眾號，回覆留言，忙個不停，回家就七點多了。

我對家人最常說的一句話就是：「別等我，你們先吃。」

有幾次，老公問我，「你忙完工作，別的事情回家再做不行嗎？早點回來一起吃飯。」

我很不以為然，「你們吃你們的，給我留一口就是了。」

他說：「我們還是想盡量等你。」

我很不耐煩，「有什麼好等的，就這麼點事，有什麼好念的？」

我吃飯本來就快，回家後，婆婆前腳剛端出留的飯，我風捲殘雲十分鐘就解決完了，然後抹抹嘴去陪兒子，這就是我自認為的高效率。

直到前幾天，老公很認真地跟我談，「我覺得你很不重視全家一起吃飯的時間。你要麼回來晚，自己狼吞虎嚥地吃一口，偶爾回來早一點，也是坐下幾分鐘就吃完，我們還沒來得及和你說句話，你就去忙別的了。我們全家，都沒有在飯桌上好好聊聊的機會。」

我想了想，的確是這樣。

那晚孩子睡後，我倆泡了壺茶，認真地聊起這個問題。

老公說，在他從小到大的記憶裡，吃飯都是件很享受的事。他們內蒙老家的冬天特別冷，室外零下三十多度，但屋裡很暖。他媽媽喜歡做燉菜，熱騰騰地端上來，熱氣、香氣一起氤氳著，三口圍坐在餐桌前，聊聊一天有趣的事，那是悠閒綿長的快樂時光。

一起吃飯，對他們來說，是件非常值得期盼的事。

我聽得羨慕。而我自己，卻有太多餐桌前不快樂的記憶。

小時候，我媽總喜歡在吃飯時訓我。不只是因為她沒學過古人的「七不責」，更是因為，她只有在吃飯時才能見到我。

服裝廠女工的生活，長年跟沒日沒夜地加班劃上等號。她只能抓緊這個機會，盡一個母親的職責。而她對我表達關心的方式，就是找出我的缺點，對我批評、指責、訓斥。很多年以後我才懂得，她對我的斥責裡，有對我成績的不滿、有對我不成器的失望，背後隱藏更多的，是她一生要強背後的挫敗，以及對疲累生活的無力感。

可當時我只是個孩子。結局只能是——我被訓哭，飯吃到一半被迫結束。奶奶嘆著氣走開。我爸跟我媽吵起來：

「孩子還沒吃兩口，你訓她幹麼？本來身體就不好。」

「這學期考不好你管啊？成天就知道慣著她！」

……

終於明白，我缺失的，是在餐桌前，對親密關係的體驗。

我把這事講給朋友聽。她說，她也是這樣，她自小目睹父母的所有爭吵，都是發生在餐桌上。父親長年苦悶，每天一開飯，就要找酒喝。母親緊接著開罵：你離了那兩口貓尿就活不了！父親幾杯酒下肚，酒勁上來，開始與母親對罵。罵著罵著就動手，摔筷子，掀桌子，碗碟碎一地，只剩她和弟弟在驚恐慌亂中小心打掃。每次吃飯，都是煎熬。

她說，一對夫妻過得怎麼樣，看看吃飯的時候就知道了。

有的伴侶，連一起坐下來吃頓飯的陪伴都不肯給。一句忙，封鎖了對方原本想交流的千言萬語。有的夫妻，連讓對方好好吃口飯的間隙都不肯留，毒舌傷人，冷言冷語，專說寒心話，專挑無名火，最後，飯桌變成戰場，感情杯盤狼藉。

我與公婆一起同住的這幾年，發現他們在這方面真的很難得。

哪怕在十分鐘之前吵過架、拌過嘴、生過悶氣，到了開飯時間，一定和和氣氣地坐下來，絕口不提煩心事。他們也經常為瑣事起爭執，但在飯桌前，公公仍不忘往婆婆碗裡夾兩口菜，婆婆依舊給公公碗裡添一勺飯。

我老公繼承了他們這一點。

從前我總是一不痛快就找碴，「吃什麼吃，看著你就氣飽了。」

他若無其事，笑咪咪地幫我撬開一只肥美的牡蠣。

有人說：婚姻好不好，看廚房就知道。也有人反駁：我從不進廚房不做飯，婚姻照樣也美滿。

其實，兩個在愛裡的人，對著一塊豆腐乳一樣感覺秀色可餐。沒有愛的伴侶，山珍海味，依舊兩相無言，食難下嚥。

婚姻好不好，有時不必進廚房，看兩人一起吃飯的那一刻就知道。

你有一千個藉口說工作緊張忙碌，習慣了自己吃便當、套餐。他有一萬個理由說球賽多重要，獨自端起飯碗，徑直走到電視機前。飯桌前的陪伴、笑意、歡顏，是多少現實婚姻裡的奢侈。

有這麼一句話：幸福，就是睡自己家的床，吃父母做的飯，聽愛人說情話，跟孩子做遊戲。

一起好好吃飯，本質上，就是一種高品質的陪伴。

看過一個小故事——

情感專家問老農：愛情和婚姻的區別是什麼？

老農說：你今天和她睡了，明天還想和她睡，這就是愛情；你今天和她睡了，明天還得和她睡，這就是婚姻。

今天吃過，明天還想吃，這是美食。今天吃過，明天還得吃，這是飯！

婚姻就是一蔬一飯。睡了還得睡，吃了還得吃。

我們這些凡俗男女，都在這平淡流年裡，靠著一日三餐裡的相伴，一床一鋪上的親暱，維繫著這份後天的親情。

所有夫妻，都應該玩一次「角色扮演」

冷漠的伴侶，萬事只會說「你應該」。
有愛的夫妻，一切才能是「我願意」。

青春愛情片《匆匆那年》上映時，我和老公去電影院。離開場還有半個多小時，我說：「我覺得這片子，適合畢業後勞燕分飛的大學情侶。」

他問：「那咱倆這樣修成正果的，就不能看了？」

我當場決定，從即刻起到電影散場，我們要充分配合劇情，假裝成一對久別重逢的舊情人。

我這些招數，他領教過很多回。即使在心裡默默罵我「腦子有病」一萬遍，最終也只得勉強同意。

直接開始ACTION。

他：「你這些年過得還好嗎？」

我：「還行吧。」

他：「聽說你老公很帥啊！」

我：「別跟我提那個混帳玩意，早跟他過夠了！」

他：「靠，不演了！」

我：「好好好，我說錯了，重來。」

這次換我先說。

我：「你這些年過得還好吧？」

他：「挺好的啊。」

我：「你太太一定很優秀吧？」

他：「沒有，就是個一般人吧。」

我：「靠，現在說我一般人，你早怎麼不說？當初追我幹麼？」

他：「你看，是你說要演舊情人的，連台詞都不讓人家自由發揮……」

我：「發揮個屁，你心裡就是這麼想的，不演了！」

賭氣五分鐘，我心有不甘，「要不咱倆到樓下商場轉轉，換個地方重來。」

他大概怕在電影院門口吵鬧太丟人，再次屈從了。

我們轉到童裝那一層。

我：「你女兒幾歲了，我給她買套衣服吧。」

他：「啊？我生的不是兒子嗎？」

我：「當然不是了，你跟別人必須生不一樣的。」

他：「那好，我生的是雙胞胎。」

我：「誰允許你生雙胞胎了？你以為自己多厲害？你若跟別人結婚，只能過得不如我！」

他：「憑什麼？」

我：「不憑什麼，劇本就是這麼寫的，就這麼演！」

他：「這劇本是你寫的？那不演了。」

我：「不演拉倒，就你這ＥＱ，不管什麼劇本都活不過前兩集。」

再次ＮＧ。兩人氣鼓鼓地滾回去看電影了。

那幾年，我家經常上演這種情境劇。

沒辦法，孩子小，生活累，日子太苦，我總得給自己找點樂子。

老公曾經很認真地跟我說：「你當初怎麼不去考北京電影學院？只是因為臉太大，鏡頭裝不下？嘖嘖，你這麼愛演的人，不進娛樂圈真可惜了。」

切，我應該叫李青霞李楚紅李曼玉啊！全世界都欠我一座奧斯卡。

但我這套把戲，跟朋友Cindy比，段數太小兒科了。

上個月跟Cindy吃飯，見她兩頰紅潤，氣色上佳，我調戲，「最近有什麼御夫新招？趕緊分享。」

她笑，「跟你學的啊，玩角色扮演。」

我眨著眼湊近，「你扮什麼？小護士，還是女教師？制服誘惑，還是鏤空蕾絲？」

她一把把我腦袋按了回去，「你這個老司機，能不能想點正經事。」

Cindy說，事情起源於一次爭吵。兩個人因炒茄子該放多少花生油，吵到誰為家庭所得貢獻大，火氣越吵越盛，聲調越來越高。

她突然意識到，這種爭吵毫無意義，只賺個嘴皮子痛快。

Cindy鳴金收兵，話鋒一轉，和老公商量玩個「角色調換」。而直男老公正好氣得悶，也抱著「不服試試看」的報復心態，一口答應。

他們約定，從那個週末起，兩人互換角色。

她扮演家中的「丈夫」，老公扮演家中的「妻子」。雙方約定好，各自承擔角色的日常職責，誰都不許中途反悔。如遇困難，對方只提供口頭幫助，不給予行動上的代替。

那個週末，這對活寶正式開啟了自虐模式。

大清早，男人先進廚房忙了半天，累到滿頭大汗也沒能做出孩子要吃的笑臉煎蛋。

把一週的髒衣服丟進洗衣機，剛要按按鍵，被告知內衣、襪子必須分開，襯衫領口要用刷子刷過，孩子衣服單獨手洗。

快四十坪的房子，要先用吸塵器，再換拖把拖，邊邊角角每個角落一遍下來至少兩小時。

下午帶孩子上英文，下課後半小時之內趕到繪畫班，傍晚回來要完成老師出的親子作業，還得用最快速度搞定晚餐。

春夏交替，被子、被套、保潔墊、枕頭套全部更換，一家三口衣服要重新歸類整理，皮衣塗上保養油、套上防塵套，掛進衣櫥，夏裝從箱底翻出來，要全部熨燙。

一天下來，大男人累到崩潰，叫苦連天。

而Cindy也沒好到哪裡去。

車子過了保養里程要回廠維修，上次的擦撞事故保險理賠流程還沒走完。

兩張罰單要去交警隊處理，排隊叫號繳錢，大半天才排到。

下午找人來給家中不冷的空調加冷媒，售後人員檢修後說家中電路有問題。

翻遍了門縫塞的小廣告剛找到電工電話，又想起洗手間水管總是傳出異味，還要去建材行重選防臭地漏。

晚上有朋友從海南飛來，八點半要準時接機。

中途在加油站要加油沒把握，打電話問老公才確定加的是九五。

去機場的路上，路怒症患者狂按喇叭把她吵得頭痛欲裂，對面車道的無德司機又用遠光燈把她晃得眼睛生疼。

Cindy幾乎想要停車大哭。

夜裡十一點，兩人終於拖著快要累斷的老腰爬上了床。四目對望，竟有一種劫後餘生，百感交集的滄桑。

一天的「角色扮演」，讓他們感慨萬千。

Cindy說，原來他們這麼多年都活在自以為是裡：開開車，上個班，男人能有多勞累？收拾家，做頓飯，女人能有多辛苦？

直到換成彼此親自上場，親力親為，親身體驗，才終於明白，女人為何會被瑣碎家務耗盡心力，男人為何會在一天歸來後疲憊不堪。

同床共枕若干年，原來，我們各自有這麼多的不容易。

婚姻這東西，說到底，家家有本難念的經。

男人總是不明白，原本溫柔的老婆為何越過越像怨婦。

女人總是想不通，當初挺好的老公怎麼越看越像渣男。

其實所有夫妻，都應該玩一次「角色扮演」。

婚姻裡的角色，需要參與、需要互換。

不是閒來無事地找碴，也不是隨隨便便地玩鬧，而是，真真實實地換位體驗。

當你設身處地成為「我」，當我置身其中成為「你」，你才能真真切切感受我的種種辛苦，我才能感同身受理解你的點滴不易。

我們才能共同學會感情中最可貴的東西——將心比心，推己及人。

冷漠的伴侶，萬事只會說「你應該」。

有愛的夫妻，一切才能是「我願意」。

女人嫁一次人，其實是結三次婚

總有人問我，婚姻怎麼樣才能幸福。第一步，就是全盤接納。你愛他，他愛你，只是你倆的事。但結婚絕不只是你倆的事。

那晚閒來一算，嚇了一跳。結婚九年多，加上戀愛八年，我和這個枕邊人在一起的年頭，已經占據了我目前人生近一半的時間。

這是我們摸爬滾打相互改造的十七年。

十七年間，我大概有過一萬多次想揍他的衝動，一千多次想掐死他的念頭，一百多次想離婚的打算，其中三次是正式提出，還有一次是直接下載好了離婚協議書。

毫不誇張，這就是最真實的婚姻狀態。即便如此，我們還是被很多人羨慕，可別人不知道，他有多少次險些被我氣吐血，我有多少次忍他差點成內傷。

婚姻這東西，就像南朝徐妃為獨眼的梁元帝化的「半面妝」，一半光鮮，一半醜陋；一半火焰，一半海水；一半嫵媚，一半負累。

某天在網路上看到一段話：所謂婚姻，表面上看是嫁一次人，實際上，女人是結三次婚。

我心領神會。但凡在婚姻裡打過滾的人，無一不贊同。

·第一次，與你愛的人結婚

戀愛期間，有一次我在衣櫥前收拾了半天，老公站在一旁被這畫面感動，感慨萬千地說：我一定要早點把你娶回去。

我也感動到不行，把頭靠在他肩上，說我們一定要盡快有自己的家，我就在溫馨的燈下為你疊衣服。

我那時腦子大概是被門擠了。

但哪個戀愛中的女孩，沒擁有過人生中最珍貴、最甜蜜的一段時光，被男人悉心呵護，百般體貼，視若珍寶捧在心尖掌上。女人無一不曾將這畫面憧憬為永恆。

與心愛之人執手成說，共築圍城，情深至此，夫復何求。

・第二次，與他的習慣結婚

別意外，婚後不出半年，生活會自動為你撕掉ＰＳ過的美顏。

他的髒衣服、臭襪子只會扔進洗衣機，別的就什麼都不管了。有一次，我強忍怒火問他，「我們家的洗衣機什麼牌的？功能好強大。」

他不解，「就是很普通的一款國產牌子啊！」

我恨不得揪著他的耳朵拖到衣櫃面前看看——你只管按個按鈕，洗衣機就能自動洗淨、晾乾、熨平、疊好、掛起、分類、擺放，簡直堪比最高科技的生產線，這邊進去一頭豬，那邊出來火腿腸啊！這世上，還有比「老婆」更人性、更智能的品牌嗎？

閨密婚後吐槽，「他在哪用過的東西，只會放在哪裡。在茶几前剪過指甲，指甲剪絕不會放回抽屜。在餐桌邊換了拖鞋，多少天都會一直放這裡。你說他沒長腦子嗎？」

呵呵，這哪算什麼。

你偏愛麵食，他只吃米飯。你辛辣不沾，他無辣不歡。你要家裡纖塵不染，他亂成豬窩也住得心安。

結婚前，我們不是瞎了眼，而是情人眼裡出優點。結婚後，我們變成了拿著放大鏡找缺陷。

但是，你要為這些煩心破事離婚嗎？他的習慣陪伴他的年頭，比你的出現早多了。

這才是圍城內外最大的區別——與一個人的優點戀愛，卻要與他的缺點結婚。嫁了他，就

得一併收了。

．第三次，與他的家庭背景結婚

A嫌棄婆婆鄉音重，帶的孩子說話也有口音。

B不滿小姑悄悄生了老二，只為爭老家的拆遷房產。

C介懷公公在婆婆過世僅半年後立即另娶，逢年過節也不願回家團聚。

D抱怨老公是各路親戚的散客旅遊客服中心，致使她把本市景點背得比專業導遊還熟練。

沒辦法。無論他有多奇葩的媽、多極品的爸，或是不成器的拖油瓶弟妹，嘴碎世儈愛占便宜的哥嫂，多管閒事無事生非的親戚，你都得全盤接納。那是他的骨血至親，是改變不了的事實，他們比你提前二十多年就和你男人生活在一起了。你哪能像蜘蛛人一樣從天而降，只把他的人擄走就完事了？

若你不肯與他的習慣結婚，就會一意孤行按自己的意願改變對方，總希望讓對方長成自己想要的模樣。你嫌他不知節儉，臭襪子只會亂扔，上個廁所比生孩子還慢。

「我都說你多少次了？」

「就不能改改啊？」

「能長點記性嗎？」

其實，這都是沒用的廢話。他能改的早就改了，不能改的，這輩子也改不了。磨圓了的夫妻，早已懶得跟對方某個習慣去硬碰硬。

若你不肯跟他的家庭結婚，問題和煩惱就更多。

幾年前為了照顧孩子，公婆剛搬來同住的時候，我很不適應，有一個階段，我每天晚上都要關上門跟老公吐槽抱怨，結束語無一例外都是：你就不能讓他們改改啊？

其實是我犯了一個錯誤，這種做法的後果就是，男人越來越逃避，越來越沉默。那是他的親生父母，面對他們的缺點，他也有諸多無奈。哪個男人願意忙一天回到家，再聽一個女人天天出難題，去打造一對全新的親生父母出來？那是他的宿命，他沒得選。

中國式婚姻到現在，並沒有實現新生家庭的徹底獨立，很大程度上仍是兩個原生家庭的聯姻。你嫁給了他，就得接納他的原生家庭。

愛情這東西就像寫隨筆，或許愛著愛著就淡了，走著走著就散了。而婚姻，才像寫一個故事，不但有頭有尾，還得首尾呼應——麻煩要解決，孩子要教育，老人要撫養，所有的問題都得有一個答案，這才是生活。

總有人問我：婚姻怎麼樣才能幸福。第一步，就是全盤接納。

你愛他，他愛你，只是你倆的事。但結婚絕不只是你倆的事。執子之手有什麼難，難的是與子偕老。婚姻越往後走，越需要智慧。

所有走到成熟階段的夫妻，都是既完成了儀式上的第一次結婚，又完成了磨合後的兩次結婚，才實現了真正的接納。

接納不是逆來順受沒底線。越過了底線的錯誤，必須讓它終止，調轉船頭，及時止損。接納是對要走下去的路負責，從此結束無意義的不甘和無休止的抱怨，給出理解和包容，在現實之上，尋求改進，積累點滴進步，然後才有可能去著手，建一座自己的新帝國。

曾有人質問我：為什麼你的文章總是要女人去改變？憑什麼都是女人的責任，男人都幹麼去了？

原因很簡單，正是因為婚姻裡的各種煩心事大多都要女人來承擔，所以我們更應該掌握主動權。

因為我們想讓自己活得更幸福，所以我們就更有勇氣先邁一步，去主導婚姻改進，去引領男人覺醒。

女人不停往前走，靠的從來不是勵志雞湯，
而是憑真刀真槍真本事。
活成更精采、更強大的一個人，
你才能不被變化打敗，不被外力摧毀。
你才能坦然接受生命中那些不完美，
擁抱情愛裡所有的不確定。
你才不會卑微地向男人彎腰乞憐，
也不必慌裡慌張向婚姻要一勞永逸的安穩，
亦無須迫不急待讓愛情出示此生不渝的證明。
別怕變化，
好的擁抱它，壞的幹掉它。

具備家庭責任感，才有資格談成功

女人已不再依附男人生存，而是可以獨立、精采地生活。她們的人生目標，不再是討男人歡心，而是令自己歡喜。

許多年前，公司辦了一場某管理大師的講座，在影片中，他描述了一段情境——

下屬走進老闆辦公室，吃驚地問：「王總，聽說前幾天您太太去世了？怎麼沒聽您提過啊！」

老闆淡定地回：「一個女人而已，有什麼好大驚小怪的。」

我並不想斷章取義，這段培訓的核心內容是：管理者應具備情緒控制能力，不把私人感情帶到工作中。

這本身沒有問題，但他舉的這個例子，誇張的描述，輕蔑的口氣，讓人極其反感。

我們自古就是男權社會，皇帝三宮六院七十二妃，睡的是誰都分不清。達官顯貴家家戶戶庭院深深，娶若干房小妾，娶回來就不管死活。將士沙場征戰，可以將自己的女人殺死，煮熟分食，以饗士兵，並且越是愛妾，越能令士氣大增。

培訓影片中的那位老闆與之如出一轍，用濃濃的直男癌氣息向下屬炫耀：死了個女人罷了，你看，老子根本不care。好像只有這樣，才能顯示他多強。

一位做記者的女性朋友，在一次訪談活動中，向四位事業有成的男士問了同一個問題：你最大的成功是什麼？

回答分別是：企業上市；扛過經濟危機；產值破億；海外分公司建成。

記者朋友問：為什麼家庭不在其列呢？

四人集體緘默不言。

時至千年之後的今天，「成功男士」的標準配備仍然只是事業成功、身價不菲、位高權重。

我有一個男性朋友，也是公認的「成功人士」，對事業滿拚的，一年大概有三百天都在外吃喝應酬。我曾問他：全年能分多少時間給太太孩子？

他不以為然：**男人在外要打拚、要賺錢，怎麼還要求我們有多餘的精力顧家？**

我聽後的直接反應是：**咦，好奇怪，這不恰恰都是當今社會對女人的要求嗎？**

女人無論能力多強、職位多高、工作多努力，只要沒伺候好孩子、沒照顧好家庭，就統統前功盡棄。

而男人呢，不顧家是因為賺錢忙，態度差是因為工作多，脾氣壞是因為壓力大，甚至出軌，是因為身居高位有人倒貼……總之，事業一白遮百醜。

男人對成功的定義裡，不包括經營婚姻、疼愛妻子兒女。他們習慣向外延展，而不屑於向內精進。

幾乎所有人都這麼認為——男人就該志在四方義薄雲天，轟轟烈烈闖事業。並且，拚起事業要六親不認，鐵面無私，揮劍斬情絲，三過家門而不入。

讓小家幸福，討妻兒開心，不在「做大事」之列。

不光男人，很多女人也是這樣認為的。男人每天樂呵呵地買早餐、對家庭全心全意付出，只要賺不到大錢，一律都是「沒用」。

所以，我們的小男孩，被過早地教育成了「小小男子漢」，被剝奪了兒女情長的權利，錯失了對愛與柔情的體驗。

我們的小女孩，只知道「霸道總裁愛上我」的花瓶腦殘情節，幻想著心上人駕著七彩祥雲將她娶進豪宅。

這樣的男孩女孩走進婚姻後，女人怨男人不夠愛，男人嫌女人要得多，女人越發像怨婦，男人越發不著家。結論：婚姻是愛情的墳墓。

我們的**守寡式婚姻和喪偶式育兒，都是這麼來的。**

每個人對成功的定義不同。有人要建功立業，熱情盛放，功成名就。有人要安居樂業，琴瑟調和，平安喜樂。

無論哪種選擇，沒有家庭責任感，都不足以談成功。

男人的家庭責任感，並不是非要日日鍋碗灶台洗衣做飯，而是勇於擔當的態度，和主動自覺的行動。

家中親戚有位表姨，姨丈是軍人，部隊長駐海南，從新婚就兩地分居，一年只有寥寥幾次探親機會。

姨丈每次回來，都把日程安排到滿──白天陪孩子逛公園、講故事、做遊戲，晚上哄孩子睡後，他拆洗被褥、更換窗簾、清潔廚房和廁所、給表姨端洗腳水、幫她按摩、陪她聊天說私房話，另外，每天連夜去院子裡做幾十個蜂窩煤球，晾乾疊好，整齊地擺在廚房的牆邊。

他恨不能把一年的家務都做完。他用這種方式，表達對妻子的愛，彌補對家庭的虧欠。

那些年，他們聚少離多，表姨獨自帶孩子，生活再艱難，內心始終知足，不曾有過怨怒。

多年以後，表姨得以調動，隨軍定居海南，姨丈到四十多歲，晉升遭遇瓶頸，最後選擇轉業。

他並未功成名就，也未能官至高位，但他讓妻女始終活在愛裡，表姨如今年過五十，明顯比同齡人年輕。女兒亦考入名校，成長為陽光少女。

身為丈夫，他給了妻女力所能及的最大的幸福。這已是成功。

有人說：「女人已經覺醒，而男人依然活在大清。」

女人已不再依附男人生存，而是可以獨立、精采地生活。她們的人生目標，不再是討男人歡心，而是令自己歡喜。

從男尊女卑到男女平等，從歧視女性到尊重女性，這是時代和文明進步帶來的必然改變。而男人最需要改進的，首先是拋棄大男人主義，與女人共同承擔責任、共同經營婚姻家庭。

歐巴馬在告別演說中，深情感謝妻子蜜雪兒，「過去二十五年中，你不僅僅是我的妻子、孩子的母親，也是我最好的朋友。你擔任了一個不是你爭取來的職責，但是你的優雅、勇氣和幽默都給這個身分烙上了你自己的印記。」

然後對兩個女兒說：「在我的一生中，我為成為你們的父親而自豪。」

即使是總統也會卸任，而丈夫和父親，卻是一生的角色。

對家庭珍惜、感恩、負責任的男人，才有資格談成功。

PART 4

女人不是討厭當媽，而是痛恨隱形爸爸

因為我們想讓自己活得更幸福，
所以我們就更有勇氣先邁一步，
去主導感情改進，去引領男人覺醒。

沒做好這件事的男人，都是假老公

孩子生病，是女人最無助、最脆弱、最外強中乾的時刻。一起帶孩子看病，是夫妻間最相扶相持、同心同德的時刻。

人生有哪些時刻，讓你覺得自己弱得像枝草？
又有哪些時刻，讓你覺得自己強得像個戰士？
能讓我合二為一的答案只有一個，那就是：**孩子生病的時候。**

上週末，兒子說肚子不舒服，什麼東西也不想吃。我起初沒在意，以為他挑食。

直到第二天早上他嘔吐，病懨懨的上不了學，我才意識到有點嚴重。向公司請了假，叫老公一起帶孩子去醫院。

帶孩子跑醫院，絕對是個體力加技術活，沒有兩把刷子，都不好意思說自己當媽。

八點半，兒童醫院門口幾百公尺開外的雙車道已經堵成長龍。我和老公十分有默契地各司其職，我下車先抱兒子去排隊掛號，他掉頭把車開進附近社區的收費停車場。

憑著經驗，我直接掛兩個科別：消化內科和中醫科。

內科人最多，通常要排一百多號，可以先去人少的中醫科，醫生問診、把脈，先拿單子驗血，然後回來下診斷、開藥。這些差不多要兩小時，再去消化內科，號也差不多排到了，直接遞上病歷和驗血單，最後一起繳費、取藥。

老公說：「你這辦法挺好，省時間，效率高。」

呵呵，沒學過統籌方法，哪能隨隨便便當媽。

手機是充電五分鐘，通話三小時。進醫院，是排號三小時，看病五分鐘。

沒帶孩子在醫院奔波過的女人，不足以談養孩子。

等待驗血結果的三十分鐘裡，我觀察了周邊幾對夫妻。

一對年輕小倆口，爸爸抱著襁褓嬰兒，媽媽一臉浮腫、裹著頭巾，一看就是還沒出月子的產婦。孩子驗血時哭了，聲音很虛弱，媽媽心疼得直掉淚，爸爸騰出一隻手，攬過妻子的肩，輕輕撫摸著她後背。

另一對中年夫妻，兒子不停咳嗽，媽媽一臉愁容，蹲在地上給孩子拿紙巾吐痰，爸爸跟沒事人似的，倚在窗邊的欄杆上自顧自玩手機。

還有一對邊走邊吵，爸爸指責，「就怨你！我說別吃那麼多，你就知道慣著他，成天買零食！」媽媽反駁，「少來這些馬後炮，你那麼有能耐，早幹麼去了？有本事你回來做飯啊……」

醫院這地方，不僅看出人間萬象，還能看盡婚姻百態。

我在心裡嘆口氣，疲倦地靠在牆邊。

突然發現牆角還有一個穆斯林媽媽，不見爸爸，也沒有幫手，獨自抱著一歲左右的孩子，孩子不停哭鬧，她無奈地坐在地上，大熱天圍著黑色頭巾，額頭上滿是汗珠。

眾生皆苦。

多少急著嫁人的女孩啊，如果誰想不開，真應該來這裡待一待。

以前帶孩子去醫院，我很少叫老公相陪。他除了會開車，還有什麼用？醫生詢問孩子最近吃得如何、睡得怎樣、大便什麼形狀，他能答出什麼？

曾經好多次我都寧可自己去，扛著孩子、背著包，腋下夾著病歷化驗單、掛號證，大步流星，風風火火地穿梭於各個樓層科室之間，排隊掛號檢查繳費拿藥，折騰半天累得要死，出來後把孩子喝剩的半杯豆漿倒進肚裡，抹抹嘴，趕回公司上班。

老娘一個人都能做，你給我趁早滾一邊。

但其實這是不對的。這本就不該是女人獨當一面，獨自逞強的時候。

第一，即使他不夠耐心、細心，但抱孩子、拿單子、排隊繳錢、拿藥這些事總能做。

第二，養孩子的辛苦不易，他在這一站就能全程體會一遍。

第三，他不僅要給孩子提供安全感，更該給媽媽提供心理支持。

後來想想，醫院那些獨自帶孩子看病的女漢子媽媽，大概如我當年一般，男人沒得指望，不如自己上。

而男人呢，育兒工作本就參與少，不用我正好拉倒。不就是找個大夫看個病嗎，能有多難？

呵呵，男人永遠理解不了，女人到底在焦慮什麼。

很久以前我參加過一個小兒推拿媽媽班。老師講到「久病體虛」的患兒時，有個媽媽神經兮兮地問：「我家孩子腹瀉四天了，算不算久病體虛啊？」

看，都說戀愛的女人智商為零，當媽的女人當孩子一病，智商為負。

我們都曾以為自己早已百毒不侵，可孩子一生病，我們還是丟盔棄甲，打回原形——發燒三十九度，會不會燒壞腦子啊？咳嗽三天了，會不會咳成肺炎啊？總是說腹痛，會不會是腸阻塞啊？……

孩子一生病，我秒變神經病。我無法忍受那幾萬分之一的機率，出現在自己的孩子身上。

孩子生病，是女人最無助、最脆弱、最外強中乾的時刻。

一起帶孩子看病，是夫妻間最相扶相持、同心同德的時刻。

好友李筱懿寫過：愛情，就是讓他陪你去看一次病。

我想補充：**婚姻，還得讓他陪你帶孩子一起看病。**

沒陪老婆一起帶孩子進過醫院、擔過憂、煩過心，不能幫女人分擔、不能給老婆支持的老公，統統都是假老公。

那些帶孩子去醫院還裝大爺，只會指責、抱怨、沒耐心的男人，都不是真男人。

我想起了那個輕撫妻子後背的年輕爸爸。

那一刻，那個心疼落淚的新手媽媽，至少內心是得到撫慰的。

婚姻艱難，養孩子不易，願我們且走且修行。

女人不是討厭當媽，而是痛恨隱形爸爸

學著當爸爸，共同承擔生育責任，是一個男人擺脫原生家庭、破繭重生、真正成熟的開始。

「當媽」這個話題，一度迅速以星火燎原之勢席捲整個網路。有個被逼生娃的妹子，以生猛的實際行動，生生逼著全家調換了角色。

這篇文章的確讓人看得過癮。她，做了太多女人想做而不敢做、也做不到的事——實現老公一心當爸爸的夢想，但你必須要把屎把尿。滿足老人傳宗接代的心願，但你們要集體上陣。

結局是：男人日夜辛苦，公婆險被虐哭，爸媽俯首稱臣。

一時間，眾多女人集體沸騰，拍手稱快。還有人說，要是早幾年看到這辦法就好了。這些按讚的、叫好的、過足了乾癮的，是一大批在現實中辛酸又無奈的媽媽。我覺得有點悲哀。

女人為什麼當媽當得這麼累？為什麼被生孩子、養孩子嚇怕了？

答案只有一個：因為隱形爸爸太多了。

心理學家武志紅曾寫過：中國人的情感模式就是找媽。這一點，在男人身上尤其明顯，娶了老婆，就意味著，有人替你操持家務，生兒育女，侍奉父母，打點一切。

婚姻的本質是一場合作，夫妻的真相就是人生合夥人。既是如此，權利義務就應該是對等的。

而現實是——

男人花十分鐘播種，女人用十月懷胎。男人興奮等在產房外，女人獨自走過鬼門關。男人喝酒打球吃吃睡睡，女人哺乳洗刷日夜無休。媽媽生，媽媽養，其他人只負責來欣賞。

寶寶笑的時候，他會說：真乖啊！寶寶哭的時候，變成了：煩死啦！

外人面前，他會說：看，這是我兒子！回到家裡，變成了：快，快去找媽媽！

你以為，一個生過孩子的女人，一個經歷過等同於十根肋骨同時斷掉的陣痛的女人，一個承受過腹部剖開一刀、會陰來上一剪的女人，一個承受過撕裂般第一次餵乳的女人，怕的是那些哺乳的辛苦、換尿布的麻煩、餵水餵飯的煩瑣、睡眠不足的眩暈？

呵呵，笑話。

她們根本不怕這些。**她們怕的，是那些無人理解、獨自奮戰、四顧茫然、孤立無援的絕望**，這一階段，才最值得拍成一部大片——《爸爸去哪了》。

隱形爸爸是怎麼來的？毫無疑問，首先是他們自己的自私、懶散，不學習，不成長，不擔當。另外，還被幾個人推波助瀾，合力打造。

・第一，是他自己的父母

隱形爸爸的原生家庭裡，通常都有一個大男人主義的父親，和一個含辛茹苦，勤勞能幹的母親。上一輩父母，大多數傳統觀念極重：男人就該蹺著腳、剔著牙、下著指令，女人就該生火做飯、疊被鋪床。隱形爸爸的父親，本身就是個老版的隱形爸爸，他不曾為兒子樹立責任與擔當的榜樣，所以他的兒子，便只會長成一個新版的他。

而隱形爸爸的母親，將氾濫的母愛和無處寄託的情感，自小傾注到了他的身上，衣來伸手飯來張口，家務從不捨得讓他動一根手指頭。

等到他走入婚姻，他會自然而然地要求妻子，成為母親的替身。

而他那任勞任怨半生的母親大人，也依然習慣將新手爸爸該負的責任統統攬到自己身上——沖奶粉？你不會，讓我來！洗尿布？男人怎麼做這些！孩子哭？找他媽，你去睡！

在這樣的環境下，指望男人負起當爸爸的責任，親力親為參與到養小孩的過程中，只能是痴心妄想。不信你去看看，有幾個隱形爸爸不是媽寶、不是巨嬰？

・其次，是女人自身

這是我深深反思過的問題。

很多時候，我們沒有意識到，是我們自己沒有給他們創造一個學習的機會，沒有耐心等他們慢慢成長，也沒有態度和心情，給他們一些指導和引領。

因為我們疲憊至極，因為我們委屈遍地。於是，在看他一整個笨手笨腳之後，不耐煩地發出一頓訓斥：「行了行了，笨死了，你閃一邊去。」「算了算了，不用你了，還不如我自己來。」「這種小事都不會，還能指望你什麼！」

甚至惡毒詛咒：「連個孩子都看不好，去撞死算了！」

幾次之後，男人自己就放棄了。我不行，我不好，那我不幹了，拉倒。

於是我們陷入新一輪的輪迴：更加疲憊至極，更多委屈遍地。

沒有人天生就會當爸當媽。女人更多時候，是用母性的本能去愛孩子，而男人的父愛，真的是後天培養出來的。他們笨，他們懶，他們怕麻煩，這是真的。但我們對他們的嘲諷、奚落、不耐煩，也是真的。

・最後，就是疼女婿的丈母娘們

我不知道大江南北各區域怎麼樣，山東這地方，丈母娘疼女婿是出了名的。

你要喊老公起來沖個奶，親媽就會搶先說：「算了，他也得上班。」「算了，他還得開車。」「算了，他難得休假睡個懶覺。」

其實說到底，丈母娘都因疼女兒，所以更加對女婿好，希望女婿把這份好，再回饋到女兒身上。現在越來越多的家庭，是丈母娘搶著帶孩子。若說好處，就是有效減少了婆媳問題的發生，而缺點，就是讓更多的新手爸媽們偷了懶。

之前我寫過很多當媽不易的文章，有人特意加了我的微信留言：「你們女人當個媽就說得那麼累那麼慘，你寫這些只會破壞別人家庭幸福，讓女人回家跟老公吵架！」罵完後，就把我封鎖了。呵呵，這才是最典型的直男癌——只許他做，不許人說。

無論我寫不寫，這些都是現實：生孩子、養孩子，女人的付出與犧牲遠遠比男人多得多。

為什麼越來越多的女人不願意生孩子？她們越來越獨立、能幹、重視自我價值。

她們未必是不愛孩子，未必是不想當媽，只是因為，她們無法忍受男人在這一程中，依然像清朝大老爺一樣，千古不變地袖手旁觀。

學著當爸爸，共同承擔生育責任，是一個男人擺脫原生家庭、破繭重生、真正成熟的開始。

若他們肯在這段辛苦艱難的歷程裡，放下手裡的遊戲，關掉電視裡的球賽，設身處地體諒他的妻子，全力以赴地給予支持，力所能及地分攤家務，他的女人，將會成為一個強大而溫柔的母親，他的孩子，也將擁有這世間最正確的教育。

終結媽寶男，是我們這代女人的使命

不因我們自己的遭遇和經歷而影響孩子的人生軌跡。讓我們的孩子活在陽光裡，讓我們的孩子學會真正的平等和尊重。

跟朋友約吃飯，正值午間高峰，就餐的小店人滿為患，座位越挨越近，都快併成了一桌。旁邊的三個女人聊的家長里短，聽得一清二楚。

先是數落自家老公：

「一點家務都不幹，懶死了，全是讓他媽慣的。」

「我家那個也是，前天吵了一架，人家還回去跟他媽告我的狀。快滾回去跟他媽過吧！」

「我那婆婆更極品，來我家從不跟我打招呼，做飯只做他兒子愛吃的，呵呵，真是夠了。」

吃到一半，又聽她們開始聊孩子：

「我就教育我兒子，將來一定要多賺錢，老婆隨便挑隨便選，想要怎樣的就有怎樣的。」

「幸虧我們生的是男孩，裡外吃不了虧，將來就算離婚，照樣是個寶。」

「你看我兒子這麼大了，還是跟我最親，他老爸他爺爺奶奶都算個屁。」

我呿！實在聽不下去了。你們這擺明了是雙重標準啊！

不得不說，一邊咒罵媽寶男，一邊培養媽寶男，這是當下許許多多女人活得矛盾卻又不自知的地方。

提起媽寶男，深受其害的女性拉起手來大概都能繞地球一圈。網路上吐槽媽寶男的發文一搜一大片：對父母言聽計從百依百順的，結了婚仍必須跟父母同住的，賺的錢一定交給媽媽保管的，自始至終信奉「流水的老婆，鐵打的老娘」這類混帳哲學的，更有奇葩到跟親媽同床睡覺的，讓親媽幫忙洗澡搓背的……逼著你連連刷新三觀。

越來越多的女人勇於站出來現身說法，證實了媽寶男堅決不能嫁。我們很高興看到如此之多的現代女性達成共識，對這類低品質物種自覺發起抵制。這是時代的進步，也是女性意識的覺醒。

我們再也不用為了那個「已婚」身分，成為哪個男人的附屬品，沿著嫁個男人穿衣吃飯的老路走下去，去選擇那個無法帶來情感品質的男人，去忍受一段充滿痛苦煎熬的婚姻。

我的人生我作主，這就是新時代女性的樣子。

但我們這一代女人的進步，不止於咒怨媽寶、拒絕媽寶、反抗媽寶、改造媽寶和拋棄媽寶。而在於，**無論我們是否被媽寶傷害過，都敢於在我們對下一代的教育中自省、警醒，認清前車之鑑，杜絕再次培養出媽寶男。**

女人總是悔不當初，怨自己瞎了眼，這輩子嫁媽寶男。

深究其根本，其實都能在自己身上找到原因。

媽寶男最大的特點是討好、順從、易於掌控。選媽寶男的女人，也許當初是堅信只要人人都獻出一點愛，世界就變成美好人間的單純，也許是明知山有虎偏向虎山行的無畏，更多的，是骨子裡強勢又缺愛的偽獨立女人。一入他家門深似海，嫁了之後才發現，這個對你千依百順的男人背後，站著一個比你更強勢、更愛操控的婆婆。**他們之間才是情人關係，你儼然是一個入侵者。**

這個男人，在他媽和你之間，總是選擇委屈你、犧牲你。你長期在這段感情看不到希望，又得不到疼惜與支持，只好把寄託全部轉向你的孩子。

你在不知不覺間，步了婆婆的後塵，走上她的老路：你的兒子是你生命的支柱，是全世界最值得信任和託付的男人。

當三十年之後，他將迎來生命中另一個女人時，你和當年的婆婆一樣，視她為死敵。

這，才是最可怕的輪迴。

我是在養兒子的過程中，發現這個問題的。

兒子小的時候，我們全家一度都愛逗他。

「世界上你最愛誰？」

「媽媽！」

「以後有了老婆呢？」

「還是媽媽！」

幾次之後，我深深意識到這種錯誤。

這對大人來說是玩笑，但孩子是分不清的，對他來說，這就是啟蒙和引導。

從他四歲起，我帶他參加女性朋友的聚會，都要求他給女士準備一份小禮物。可以是一束小花，也可以是一張小貼紙、一塊巧克力。

他有一個小女朋友，是他幼兒園的同學，兩人感情非常要好。從去年起，每次帶兒子外出旅行，老公都提醒他給好朋友選個禮物。兒子小氣，自己喜歡的東西經常捨不得分人。我們就告訴他，可以再給他買。如果他實在不願意，我也同意讓他改選別的東西。但這種意識，我們希望能給他從小就樹立——不只是朋友間的分享，還有對女性的尊重。

至於他以後，會不會成為一個老婆奴，我不知道。我唯一知道的是，一個有修養、有素質、懂得尊重女人、有謙謙君子之風的男人，才會覓得同等水平線、相近價值觀的女人，他就有更大機率，去組建一個健康的家庭，他就有更多可能，去享受高品質的感情。

我不讓自己培養媽寶男，我就不必憂心我的晚年，他會不會娶回一個潑婦日日與我相鬥。

我們光說媽寶男，難道就沒有媽寶女嗎？當然有。

我認識這樣一個女孩，父母家中略有點錢，選個女婿就差比武招親了——要求男方必須有車、有房，且房子不能貸款，要保證女兒嫁過去之後不能做家務，必須請保母，每週至少回娘家住兩天。總之，他們女兒嫁給誰都是下嫁，誰娶了他家女兒都是高攀。

那女孩被養得，到現在都以不食人間煙火的「小公主」自居，看哪個男的都不是好東西。每個直男癌，家裡都有一對直男癌父母。每個媽寶男（女），背後也必有一對媽寶家長。

說到底，一家子都是巨嬰。

縱然媽寶男害人不淺，但我們也不能一邊罵著媽寶男，一邊製造媽寶男。不能一邊咒怨婆婆，一邊效仿婆婆。

真正的勇敢，是敢於修正。終結錯的，邁向對的。

不因我們自己的遭遇和經歷而影響孩子的人生軌跡。讓我們的孩子活在陽光裡，讓我們的孩子學會真正的平等和尊重。

這才是我們這屆女人，真正的成熟和進步。

直到學會了如何養男孩，我才懂得了怎樣對男人

一個智慧的媽媽，一定也是一個優秀的妻子。
因為她懂得，男孩未來終究要長成男人，而男人心中也始終有個男孩。

每週末帶兒子上課外班，孩子們在裡面學習，我們幾個媽媽就在外面開座談會。
幾次下來，我發現一個現象：現在的媽媽似乎控制不住地焦慮。
孩子太皮了，上火，怕以後闖禍；孩子太靜了，發愁，怕以後沒出息。
總之，越養，越不知道該怎麼養。

自從我家小寶成為一名光榮的小學生，我也跟著升級成為一名痛苦的學生家長。毫不誇張地說，前三個月，我幾乎蛻了一層皮。歷經了無數次觀察、分析、對照、反思之後，時至今日我才敢說，終於搞明白了該如何養一個小猴子。而意外收穫就是，我更加明白了直男這種生物究竟是什麼樣的腦迴路，因為直男爹地和小猴子，基本都是同一個模子。

你學會了怎麼養男孩，也就知道了怎麼對男人。

・以強壓強不好使

我和劉小寶有一個階段，幾乎天天吵架。

我這種急性子，一看他慢吞吞地寫作業，懶洋洋地讀英語，晚上不想睡，早上不肯起，每天都快把我給氣死。我控制不住情緒，怒髮衝冠，火冒三丈，動輒衝他大吼：「你能不能快一點？都幾點了還在這磨蹭？我剛才說的什麼你沒聽見嗎？催你幾遍了還不趕緊去！」

不出幾天，他就把這一套原封不動地用到了我身上。我倆性格一個比一個強，分貝一個比一個高，我摔一枝筆，他就扔一塊橡皮，我拍一下桌子，他就踢一下椅子。

那段時間我真的快要被氣吐血了。

後來一個兒子已上大學的客戶大姊告訴我，「養男孩，當媽的一定不能太強。他現在還小，你敢衝他吼，他就敢衝你叫。等再大一點，你敢把他東西扔了，他就敢把你房子燒了，你敢揍他一下，他就敢離家出走。到那時你的威力早已不好使了，要怎麼辦？」

我一口氣買回五本教育類書籍，不眠不休地讀完，還做了讀書筆記。

後來，當他向我怒吼時，我不再以更高的聲調吼回去，改為弱弱地說：「你有話就好好說嘛，幹麼那麼大聲啊，好害怕。」

他趕緊上來抱住我，「好了好了，別怕別怕，我不是故意的！」

從我不再大吼大叫之後，孩子的改變也很明顯。每次我示弱，他總是第一個衝上來保護我。

其次是讓他當英雄。

對他的小小行動我學著及時誇獎：今天真是多虧了你啊！幫了一點小忙，我也會鼓勵：你真是幫我解決了大問題呀！

小猴子自信心爆棚，經常主動來問：有沒有事情需要我幫忙？給我點事情做吧，我也能做！看，**對男人果然都要順著毛摸。**

對六歲的方法，對三十六歲的，照樣管用。

我們家歷來我管錢。以往每月一發薪水，我就準時收租，但我的方式就比較惡霸，「薪水趕緊轉過來，每次都得催！」又或者，「你就不能想著主動交，那麼幾個錢還得我開口要。」

雖然最後事都辦了，但兩人都很煩。

我把對小猴子的經驗用到了他老爸身上，換種表述，「皇上，這月例銀還沒發，臣妾要吃土了。」直男最吃這套，趕緊回：「愛妃稍等，馬上轉！」

柔情蜜意，皆大歡喜。

．既然對他說做一，就別暗暗期待他做到一．一

晚上陪兒子寫作業，其中有一道數學題：6○0=6，在圈中填上「＋」或「－」號，讓算式等於最後的得數。小寶毫不猶豫地填了減號。

我問：那6加0也等於6啊，你為什麼不填加號？

他答：減號可以少寫一筆啊！**省事啊！**

被雷打到——我突然明白了，無論大小，男性的本能就是先把問題繞過去，能省則省，能不做就不做。

以前，我把他老爸這種表現，統統歸咎於懶。

比如——讓他收陽台上的衣服，他絕不會順便把晾乾的毛巾也收了。讓他幫忙掃掃地，永遠別指望他掃完後，順手擦一擦。批評他，他只會無奈攤手：你沒說啊，你只說讓我收衣服啊！可若打起遊戲、看起球賽，那精力集中的，兩耳絕不聞窗外事，吃飯得喊一百遍。

現在我終於搞懂了，**他們不是裝的，是真的。**

從一個小男孩的行為中，你就知道直男是種什麼樣的生物了。

我專門去查了科普資料：連接人類左右腦的胼胝體，女性比男性厚三倍。也就是說，女生的左腦和右腦，比男生連接得更好。所以女生心細、考慮周全，還能同時完成好幾項任務。而**男生只會一條道走到底，做這件事的同時，絕對無法做另一件事，所以他們的原則是：能少做就少做，能繞行就繞行。**

所以你說一，人家就只做了一啊，你為什麼又要求一・一呢？

・好女不生直男氣

直男都是氣死人不償命的物種，跟他認真，你就輸了。

小寶上一學期，要求背十六首古詩。我雖喜歡詩詞，卻從未提前教過他，要求他直接背誦的難度太大。

我想了一個方法，費了洪荒之力，用盡畢生所學，把七首古詩做成了一幅剪貼畫——左上角的月亮，是「小時不識月，呼作白玉盤」。右上角的山川，是「白日依山盡，黃河入海流」。中左側的梅花，是「牆角數枝梅，凌寒獨自開」。中右側的農民伯伯，是「鋤禾日當午，汗滴禾下土」。左下角的荷葉，是「江南可採蓮，蓮葉何田田」。右下角的青草，是「離離原上草，一歲一枯榮」。最底下河裡的白鵝，是「曲項向天歌」。

我努力了半天弄完，得意地向他展示，換來小猴子一句，「你剪的鵝真像個馬桶！」

他還問我，「媽媽，你知道我為什麼不長痘痘嗎？」

我耐著性子給他解釋，「小孩皮膚含水量高，不分泌油脂……」

他來一句，「因為我不愛生氣！」

我逐一對照了他老爸的表現，他永遠搞不懂：這事有什麼可生氣的？他總是很委屈：你怎麼生氣了？他一次又一次地問：你怎麼又生氣了？

於是我決定原諒他爸爸了。因為他就算看八百遍《甄嬛傳》，也照樣連根毛都看不透；因為他就算想破頭，也猜不出ＹＳＬ到底是以色列，還是伊斯蘭。

老公不是兒子，但對孩子的那些原理、方法和技巧，其實用在男人身上一樣好使。

因為：同一個世界，同一種直男。

前段時間，家中連續收快遞，有給兒子聽英語的ＣＤ播放器、有我錄語音課程的小設備，還有我的新手機。我是個電子盲，所有東西一定要老公全部弄好之後，交付給我使用，他倆一起嘲笑我：這麼簡單的東西都學不會。

呵呵，那有什麼。我把他倆抓到我的梳妝台前，對著卸妝乳洗面乳保濕化妝水精華液妝前乳隔離霜ＢＢ霜防晒霜，以及眉筆眉粉染眉膏，眼線筆眼線液眼線膏，腮紅高光眼影蜜粉睫毛膏，說：「來，說說這些都怎麼用。這麼簡單的東西都學不會？」

所以說，對待直男，就如同對待小猴子。

強行要求他對你好，就跟對孩子說要好好學習一樣，不是無動於衷，就是勉強為之。能讓他們主動用心去學的，一定是激發他的興趣，有驅力的東西。

一個智慧的媽媽，一定也是一個優秀的妻子。

因為她懂得，男孩未來終究要長成男人，而男人心中也始終有個男孩。

婆媳勢不兩立，一定是男人在逃避

疼老婆，老婆接受了來自你的愛，才能對你的家人給出愛，才甘願對婆婆好。
愛老媽，老媽發現你沒有娶了媳婦忘了娘，才不會拿兒媳當敵人，才願意多疼她。

曾在微信公眾號上發布關於婆媳話題的文章，評論留言幾百條，我在後台不停地往外放，但很快就達到了一百條的上限。

其中一條觸目驚心：生孩子時難產，幾十個小時仍生不出來，婆婆堅持剖腹產對孩子不好，不肯簽字，導致孩子窒息而亡。我恨她，怎麼努力也無法原諒她。這種情況還要去經營嗎？

說實話，以我的性子，直接反應就是：**經營個屁！原諒個鬼！**

我強迫自己平復了一分鐘，沒打出這些話。作為一個生過孩子的人，那一刻我的心情無法言說。她把這樣的傷痛再一次披露給我，必定萬千痛苦煎熬。我說這種屁話又有什麼用呢？

我特別理解她，真的，無法不恨。

但我更想問的是：男人呢？男人幹麼去了？

婆媳關係再怎麼需要經營，最終的好與壞，男人都起著至關重要的作用。無一例外，那些婆與媳水火不容的、公開互鬥的、勢不兩立的，背後一定有一個男人在逃避。

因為他的逃避，讓女人越發肆無忌憚，任意妄為。媳婦敢明目張膽挑釁婆婆，婆婆敢理所當然欺侮媳婦。

媳婦的潛台詞是：你兒子都得聽我的，你這個老不死的算老幾？

婆婆的心裡話是：我兒子是我生的，你一個外人算什麼東西？

任何一方的惡劣行徑，都是男人給的默許。

婆媳之爭，表面看，是兩個女人太強。而真相是，男人太弱。

男人的不擔當，導致了他在家庭裡的弱勢地位。而當一個男人弱，兩個女人就都想強——媳婦想當家作主，手持鳳印登上唯一的女主人寶座。婆婆急於保護，生怕兒子被賤人算計了受欺負。

當一山難容二虎，男人的辯白都是：我調解過，可她們不聽啊，我也沒辦法。

她們為什麼不聽？因為你沒有威信。

男人的威信從哪來？不是吆喝耍威風，也不是賺幾個臭錢就回家當大老爺。男人的威信來自於擔當。

男人在家庭中有擔當，兩個女人便不會是撕破臉皮死對頭的猙獰模樣。一則她們肯體諒，男人是自己的至親，不願讓他過多為難。二則她們會顧忌，看在男人的面子上，肯多些包容與忍讓。

可是當男人什麼都不承擔，兩個女人就只剩下委屈和抱怨。媳婦得不到丈夫的疼愛和體恤，覺得都是婆婆作梗。婆婆失去了兒子的孝順和親近，認為全是媳婦挑撥。最終，婆媳關係，變成了女人間的撕打。她們將劍尖略過男人刺向彼此，成了公開的死敵。

在婆媳問題上，我自己也走過彎路，碰過壁。我不是想給媳婦們出頭，也不是想替婆婆們開脫。女人這兩個角色，真的沒有一個是容易的。

聽過那麼多傾訴，看過那麼多真實案例，我更加覺得當下的男人，太需要在這方面成長了。在外個個逞能好勝地吹牛，到了需要他們挺身而出、相互協調的家事上，不但成了縮頭烏龜，自己還叫苦不迭，說女人事多，唯女子與小人難養。

可是若不是因為你，這兩個女人的人生怎麼會有交集。婆婆認識兒媳是哪根蔥？兒媳又知道婆婆是哪頭蒜？

我的微信公眾號上曾經轉了網路上一篇〈有孩子的頭兩年你不幫我，你老了也別來煩我〉，引起熱議。這讓我想起一個朋友——我兒子同學的媽媽。

我們比較熟絡，曾經聊過婆媳問題。從有了孩子，她婆婆未曾幫過一天，連一塊尿布都不肯幫忙洗。自己的母親因病勉強能自理，更是指望不上。她被迫辭職在家帶孩子，直到熬過最難的前三年，但我從未見她有半分抱怨，跟婆家也保持著正常的走動往來。

她說：婆婆幫我，我就感激，不幫我也沒怨言，我自己的孩子，我自己帶。

我很佩服如此理性、淡定的女人。但在後來的深聊中，我找到了原因——她的先生做得特別好，從孩子出生就主動承擔起重任，力所能及的家務都搶著做，捨不得讓妻子太辛苦，更感激她為家庭、為孩子所做的犧牲，尤其在妻子不上班沒收入這件事上，絕不允許外人有半句挑剔。

這樣的女人，精神上是富足的。**這世上最該疼愛她的人，在她最脆弱的時候，給了她足夠的疼愛。**至於其他人，她便不會苛責挑剔。

若男人心安理得地當大爺，奶粉不沖，尿布不洗，任妻子在無數個日夜孤軍奮戰，四下無依，任憑婆婆跳著廣場舞，說著風涼話，女人再寬容、再強大，也無法不怨懟。

婆媳相處，不可能毫無齟齬。當兩個女人一方有失分寸，言行偏頗，你能不能拿出男人的立場和威嚴，客觀中肯地協調，盡心竭力地付出，把你打遊戲闖關升級的本事拿出一部分，用用心，動動腦——婆婆苛刻，媳婦受了委屈，你就給老婆多點寵愛，多說點甜言蜜語。媳婦挑剔，婆婆心中不悅，你就給老媽多幾句寬慰，多表表孝心。

你什麼都不做，就指望兩個女人和平共處、親如母女、天下太平，簡直就是痴人說夢。

別再動輒說當中間的夾心餅乾多辛苦，也別再拿「男人天生不會做這些」當幌子。誰天生就會？你第一次做丈夫，女人也第一次做妻子，同樣都是頭一回面對這樣複雜的關係和問題。傳統教育只給男人灌輸了「事業第一」的邏輯，直男癌都跟著起鬨：一個大男人成天為了娘們兒這點雞毛蒜皮的破事左支右絀，累不累？

那你還喊什麼齊家治國平天下？讓家庭幸福，才是人生第一要務好嗎?!

有的男人，一見老媽不爽，就不分是非，一味愚孝。他們成就了那些為老不尊，得寸進尺的婆婆。

也有的男人，一遇老婆撒嬌，就立即精蟲上腦，只顧憐香惜玉。他們培養了那些毫無孝道，自私冷血的兒媳。

還有的男人，IQ和EQ皆低，還偏偏自以為是，傳不該傳的話，表不該表的態，全然不知自己才是挑起事端的戰爭販子。

文章開頭，那個在妻兒命懸一線卻任由婆婆胡作非為不簽字的男人，和那些縱容媳婦虐待欺凌婆婆的男人，都是混蛋。

男人們盡早成熟起來吧。老婆和老媽，都是你的至親。

疼老婆，老婆接受了來自你的愛，才能對你的家人給出愛，才甘願對婆婆好。愛老媽，老媽發現你沒有娶了媳婦忘了娘，才不會拿兒媳當敵人，才願意多疼她。這才是良性循環啊。

別動不動嫌累。生而為人，誰比誰容易？

所有婆媳關係，其實都暗藏心機

願婚姻裡的男人，都早日成長，有所擔當。
願同一屋簷下的女人，都不再彼此苛責，相互為難。

網路上曾有個外國學者說：誰若能化解婆媳關係難題，就應該給他頒諾貝爾獎。

為什麼女人都容易被婆媳問題困擾，因為婆與媳，是兩個毫無血緣親情的女人，因為同一個男人而產生的連結，既沒有穩定性又缺少親密度。婆媳關係在很大程度上直接影響夫妻關係。多少小夫妻的柔情蜜意，被婆媳問題橫插一手，從此蕭郎是路人。

女人的邏輯通常都是：你對我好，我就對你好；你對我不好，我就對你更糟。可在婆媳關係裡，只有兩好才能合一好。

冬天降溫，給婆婆買了件羽絨衣。她穿上連連說：「太奢侈了！你們趁年輕多打扮，我又不上班，哪還用買這麼好的衣服。」我盡了孝，她領了情，皆大歡喜。

另一日晚餐，我愛吃的豬皮凍所剩無幾，婆婆擋掉老公的筷子，「你別吃了，給愛玲留著。」

許多人都羨慕我好福氣，婆婆體貼勤快又疼我。其實前幾年，並不是這畫面。

剛結婚那幾年，我經常給婆婆買衣服，她從未有過回應，只會接過來，看一看，然後放下，轉頭埋進廚房繼續去忙。為這事，我沒少對老公抱怨，他總是無奈，「我媽就是那種性格，不愛說話，我有什麼辦法。」

你看，全天下的直男都共用一個腦子。他根本不懂，女人多介意那種熱臉貼了冷屁股的感受。

後來我索性不買也不送了。你不言，我就不語；你不熱絡，我就比你更冷漠。

這種心態我保持了好幾年。後來為了照顧孩子，我們與公婆同住。性格和習慣上的差異，年代和溝通上的鴻溝，都在所難免，但我和婆婆，卻在同一屋簷下越處越好，因為我明白了一個道理：我們都不是壞人，只是敏感生分。

這世上沒有天生的完美關係。父母子女、夫妻戀人、朋友知己，無一不需要去經營，去維繫。

我知道她天生不擅言談，我就多主動開口。她辛苦張羅一桌晚餐，鹹了，淡了，我都多幾句誇讚。她知道我愛打扮，總鼓勵我趁年輕趕緊穿。她也懂我好面子，也學會了收到禮物給我熱切回應。就像那塊豬皮凍，她怎會捨得不給兒子吃？當然是為了我才這麼說。

其實，這都是婆媳相處的小心機。

相比之下，段數更高的，是我的姊妹淘W。

W是外商公司銷售總監，老公也是空中飛人，一年在家沒幾天。婆婆來幫忙照顧孩子，相處一久，芥蒂頻現，嫌隙叢生。

婆婆是傳統的農家婦女，一不滿兒媳時常應酬，拋頭露面；二嫌她亂花錢，不知節儉；三抱怨她家務承擔太少，週末還要睡到日上三竿。W起初採用送禮戰術，發現收益甚微，婆婆越發埋怨她不會過日子。更糟的是，婆婆表面不動聲色，轉身卻在社區花園裡對著鄰居大媽們大發牢騷，各種訴苦埋怨。W才意識到不對。婆婆已成功打造出弱勢形象，群眾輿論已有了明顯倒向——W是個不懂事的悍兒媳。

W做客戶工作多年，心理學和公關手段不是白練的。

她沒有以牙還牙，而是反其道而行之——週末帶著孩子去社區廣場轉轉，逢人便誇婆婆，誇她做飯好吃，帶孩子認真，勤勞能幹，無私奉獻，檢討自己工作太忙，對婆婆關心不夠。

此言一出，引得大媽們紛紛羨慕讚嘆：這樣能幹又懂事的好兒媳，上哪找去？

不必別人說，W的婆婆自己就先不好意思起來，媳婦在外這麼誇自己，她哪還好意思繼續散布謠言？豈不讓人說自己心胸狹隘，為老不尊？

我厚顏無恥地問W，「你誇婆婆的時候違心嗎？」

她呸我，「虧你還做過HR，違不違心重要嗎？我以前想的是物質上多給予，但後來發現她節儉慣了，根本不需要這些。她想要的，是我感她的恩，領她的情。既是這樣，我就得表現出來讓她看到啊。當婆婆的，要的不就是個面子嘛。」

我挺佩服W。換作那些沉不住氣的小媳婦，聽婆婆在外面公開抱怨自己，恐怕第一時間就回家抓狂，然後打電話給老公，逼著男人二選一。

想起結婚第一年，我曾隨老公去看望遠房親戚。第一次見面的表嫂就神情詭異地問我，「你和婆婆住一起嗎？處得來嗎？她做飯，你吃得慣嗎？」我看見她眼神裡閃著對狗血劇情的興奮、期待，還有一絲幸災樂禍。我笑著對她說：「我們關係挺好的，我婆婆人特別好。」

她「哦」了一聲，失望地走開。

即使那時候我和婆婆關係並不親密，但我也不想拿我的家事貢獻給他人當八卦題材。

有人一提心機就想到腹黑女。我並不認為心機一定是貶義，更重要的，是心機背後的「動機」。有人用心機，只是為了挑撥離間、出口惡氣，總想看別人笑話，這初衷就有問題，關係必定不會好到哪裡去。

在我看來，**願意讓一段關係朝著好的趨勢發展而動用的心機，就值得稱讚**。因為男人極其不擅長扮演協調角色，更多時候，他們覺得自己更像受害者，在兩個女人之間當夾心餅乾受氣，委屈到不行。當男人幼稚、逃避、缺少擔當，改善婆媳關係的重擔，無一不是更多地落在女人身上。

婆媳關係無論如何經營都難以親如母女，這是現實。但經營和不經營，卻有天壤之別。

慈愛又大度的婆婆不會從天而降，懂事又體貼的兒媳也不會憑空出現。婆媳之間想要關係好，既要技巧心機，也要真情實意。所有關係都是在接納中磨合，在磨合裡完整。

有妹子問：「家不應該是最真實、最放鬆的地方嗎？回家還要用心機，不累嗎？」

這世上，誰不曾戴著鐐銬跳舞。我們肯花多少精力去開發一個客戶，動用多少EQ去談成一單生意。你想長治久安，想讓煩心的問題少一點，想享受高品質的感情生活，就別為這點事叫苦連天。

通常來說，改善婆媳的祕訣不外乎就是——大度、嘴甜、少抱怨。

現實裡，並不是所有關係都能用這點心機解決。**有一類婆婆，永遠不能接受兒媳這角色的存在；有一種兒媳，總是無法容忍婆婆這身分的本身。**

在這種扭曲心態下，單方面任何努力都沒什麼用，只能送你四個字：敬而遠之。

敬，是尊敬。即使婆婆千般不對，萬般不好，保持對長輩基本的尊重，關乎自己的教養。

遠，是距離。少交往，少聯繫，少見面。距離未必產生美，但一定會減少醜的出現。

至於那些處處刁難媳婦的惡婆婆，那些刻意欺壓婆婆的惡媳婦，只要一方做出超出底線的態度和行為，另一方的溫良恭儉讓真的不管用。因為根源都是那個男人的逃避和默許。

先把他揪出來，接受婚姻再教育，該溝通的溝通，該開導的開導，該撒嬌的撒嬌，他吃哪套，你就用哪套。他兒子、丈夫雙重角色在身，哪能那麼躲清閒。

願婚姻裡的男人，都早日成長，有所擔當。願同一屋簷下的女人，都不再彼此苛責，相互為難。

最終竟然是孩子，教會我如何做辣媽

哪個媽媽的成長途中，不曾哭了又哭。
哪個媽媽不是在黑暗裡反覆摸索，才找到通向孩子心裡的路。

生完孩子的第一年，我的體重恢復得極慢。一整年，連半公斤都沒瘦下來。不只是胖，還有臃腫。我萬分焦急，日夜盼望早點瘦回去，因為我急於把自己塞回那些M號的衣裙裡，因為我急於成為一個標準的、美美的、三百六十度無死角的辣媽。

從前的書本上和電視裡，只要一出現「媽媽」的人設，要麼就是衣著樸素、圍著圍裙的賢慧婦女，要麼就是雙眼含淚、「白髮親娘」式的苦情旋律。那是那個年代，特有的媽媽形象。

但現在早已不是了啊。

生了孩子依舊漂亮時尚、小腹平坦，身上還有馬甲線的女人遍地都是。

我為自己定位的辣媽形象也是：火速瘦身，腰身緊實，腳踩高跟鞋如同風火輪，大步流星昂首前行，既能賺錢養家，也能貌美如花。

可我的臆想很快敗在孩子的屎尿屁裡。

我必須接受，我會因為睡眠不足而終日頂著兩個黑眼圈，會因為新陳代謝變慢而面浮眼腫，會因為寶寶生病而日夜焦慮，灰頭土臉。

原來，電視裡的輕輕鬆鬆就能美炸天的辣媽都是騙人的。

現實裡，一把屎、一把尿，踏踏實實把孩子養大才是硬道理。

幾年過去，當初那個襁褓中的小寶寶，從蹣跚學步到咿呀學語，從扛在你的肩頭到掙開你的懷抱，從教穿衣、餵吃飯到自己開始讀書、寫字，我真正意識到：他長大了。

我從電腦中翻出以前的照片和影片，一幀幀一幕幕，見證著他的每一步，也見證著我從新手媽媽開始，一路摸爬滾打的忙碌辛苦。

我開始認真反思，自己曾有太多不成熟。

我也開始重新思考，什麼樣的媽媽，才算是真正的辣媽。

愛孩子，也愛自己。
撫育孩子長大，也為自己增值。

・不只是裝扮，更是學習和蛻變

當媽之後，我從一個只看唐詩宋詞的女文青，變成手捧《育兒百科》猛啃的知識青年。

我從一個少睡一小時都能心慌氣短、頭暈乏力的林黛玉，變成一夜餵奶四次仍能健步如飛的女漢子。

我從一個半夜打雷颳風下冰雹都聽不見的睡仙，變成了孩子動一下，就能立即起身換尿布的超人。

我學習推拿、撫觸、艾灸，也學習心理學、參加父母課堂、研習親密關係。

我知道，成為名義上的媽媽很簡單，孩子生下來的那一刻，我們就已經被賦予了這個身分。而成為事實上的媽媽，卻有很長的路要走。

・不只變強大，還敢認錯和自省

我曾是個粗心又粗暴的媽媽。

孩子一度愛吃手，我總是想方設法不許他吃，他特別依賴安撫奶嘴，我總想試圖給他強行戒掉。所幸我很快意識到，我錯在哪。吃手是因為孩子有「口欲期」，安撫奶嘴是因為他要找安全感。

更重要的是，我明白了一個孩子未來與全世界的關係，取決於他自小與父母的關係。

因為對於幼小的他來說，父母就是他的全世界。他曾經被怎樣對待，未來他就如何對待這個世界。

我反思我的急躁與粗暴，深深地向孩子道歉。我知道如果我沒有足夠的耐心和愛心，便等不來小樹成長和花朵綻放。

．不只是自我教育，更要向孩子學習

有一次，我因為嫌棄兒子磨蹭、拖拉、浪費時間而大發脾氣。他驚恐地看著我，說：「你不是說有話好好說嗎？你怎麼還那麼大聲？」

他無辜的樣子，讓我瞬間心疼。我強迫自己克制情緒，向他道歉。當我說完「對不起」之後，他竟一把摟住我的脖子，「**沒關係，其實不管怎麼樣，我都愛你。**」

我們總是以「愛孩子」的名義去改造他們，要求他們，卻不曾像孩子愛我們那樣赤誠、寬容、全心全意。

法國哲學家盧梭說：孩子生而為孩子，而父母並非生而為父母。

其實，在這場愛的教育裡，是孩子讓我學會了真正的無私。

哪個媽媽的成長途中，不曾哭了又哭。

哪個媽媽不是在黑暗裡反覆摸索，才找到通向孩子心裡的路。

有人說，文藝女青年這種病，生個孩子就好了。

其實，只生個孩子沒用的。就像配備了超級育嬰團的女明星，如果只生不養，全由他人代勞，自己只負責敷上面膜、玩玩手機，這個病，治不好。

只有在親力親為的過程中，付出辛苦，經受歷練，體會過困頓掙扎與遺憾之後，才會有真正的成熟和蛻變。

我曾經對孩子有過太多抱怨：他總是莫名其妙大哭，總在該睡的時候不睡；他總是把飯碗打翻飯菜灑一地，不聽勸，也不聽管；他總是把玩具弄壞、搞亂，全然無視你的要求和意願。

養一個孩子，太累、太操心、太麻煩。

而這些，其實都在暴露我的不成熟。

媽媽不是超人。

我們也只是一個不理性、不寬容、不淡定的年輕人。並不是孩子一出生一落地，我就能自動按下按鈕，啟動「完美媽媽」程式。

孩子也不是物品。

他不會被統治、被打造、被預先設定，完完全全按照誰期望的程式和軌跡，分毫不差地成長。

育兒，是每個媽媽的修道場。當媽的過程，就是一場自我的推倒又重建。

真正走過之後，我才懂得，不只是我付出心血養育了孩子，孩子的成長，也給了我最重要的一場教育。

在孩子成長的軌跡裡，我看到了自己的過去。在陪他長大的歷程裡，我療癒了自己憂戚的童年，修復了那些不為人知的傷口，讓我學會愛、接收愛、付出愛。

那麼，真正的辣媽辣在哪？

時尚漂亮、衣袂飄飄，把孩子打扮得光鮮亮麗，贏得眾人注視的目光，這是對「辣媽」最膚淺的定義。

辣媽真正的辣，不是三頭六臂十項全能，不是必須成為他人眼中一百分的完美媽媽。她擁有最強的盔甲和最柔的軟肋，勇敢、自信、溫柔、堅韌。

一個能夠自我重塑、不斷拓展的女人，一個有愛、有能量、願意與孩子共同成長的母親，才有資格被稱為辣媽。

既不過分捆綁，也不過度犧牲。

愛孩子，也愛自己。撫育孩子長大，也為自己增值。

我們接納自己的不完美，接納某些時刻的無力感，勇敢站上新手媽媽的起跑線，與孩子一起摸索實踐，同步前行。

這也是我們養育孩子的意義所在——因為他，讓我們有機會重新溫習生命的奇蹟，讓我們有機會參與一個新生命點點滴滴的成長，讓我們有機會重新成為一個孩子，進而更加明白，該如何成為一個更好的自己。

你從不知道這些話，曾如此傷害過女人

願每個當了媽媽的女人，依然能被善待和疼惜。
願每個為母則強的女人，能在男人懷裡成為妻子，還能在父母面前做回孩子。

閨密夜聊，談到生老二的話題。

本來，我對這種萬年老梗已經意興索然，正打算散去，H突然說了一句，「你們知道我不要生老二的真正原因嗎？我受不了家人說那種話，好像生完孩子之後，我就不配再好好活著了。」幾個女人瞬間都被戳痛了。

H的媽媽我們都見過，標準的賢慧母親。總是和顏悅色，無限耐心，永遠輕言細說，關懷備至。從前我們去H家裡作客，總是羨慕不已。

如今H與我們窩在沙發裡苦笑，「自從我自己當了媽，就感覺我從此沒了媽。」

我理解。

「隔輩親」不是一般的厲害。我們的父母特別擅長把所有的愛，全部傾注給孩子的孩子。

H有了孩子之後，她媽媽把對她的愛，一股腦地投入到孩子身上，捧在手心怕摔著，含在嘴裡怕化了。

孩子一餓，H嘴裡的飯還沒嚼爛，立即被她媽媽打掉手裡的飯碗，「快快快，先別吃了，趕緊去餵奶。」

孩子一哭，無論H在忙什麼，都會被媽媽催促著拎起來，「趕快，沒聽到寶貝哭了，還不快去！」

孩子一病，她媽媽不分青紅皂白先把H訓一遍，「你是怎麼顧孩子的？又把我們弄病了。」

剛開始，H盡量說服自己不去在意，老人家愛孩子心切，又是自己親媽，有什麼好計較的呢？可經年累月，那種難過，就像瓷器上的冰裂紋，原本只是小小一條縫，卻慢慢隨著時間，悄無聲息地加深，日復一日地蔓延。

總有一個聲音在心裡提醒她：你不再被愛了。

許多家庭的情感模式，基本都是在孩子出生後，進行了一次乾坤大挪移。

這個小嬰孩一到來，馬上就成為全家的重心，所有人的皇帝。

從此爸爸成了太監，媽媽成了奶娘，而爺爺奶奶外公外婆，才是發號施令的正牌皇太后。

閨密X說，剖腹產生下兒子後，全家啟動了每日圍著嬰兒床笑逐顏開模式，一天無數遍討論寶貝長得像誰，頭髮多濃密，大耳朵多有福。

全然顧不得她的止痛點滴絲毫不起作用，顧不得每天醫生來按壓肚子排惡露的人間極刑。

她刀口疼得不敢側身，但她媽媽想讓孩子盡早吃上初乳，不停地嘮叨催促。

終於在產後第四天，她在他們的歡聲笑語中歇斯底里地崩潰大哭，「你們眼裡只有孩子，怎麼就不關心我有多疼呢！」

爸媽才回過神來，象徵性地寬慰幾下，還不忘補上一句，「都當媽的人了，別這麼嬌氣。」

月子裡，X是被拴在床頭的乳牛，每天被強制著、勸告著、哄騙著喝下各種湯湯水水，唯一任務就是發奶。

她在娘家坐月子。媽媽要求她每天吃六個雞蛋，說這樣才能恢復體力。又聽老姊妹說每天要吃一個豬肚，對發奶最有利。

說詞一概都是：不管願不願意，都得為了孩子。

她每天都鬱悶得想去死。

只有月嫂挺身而出，「不要勉強她，產婦的心情才是最重要的，雞蛋和豬肚都不是必須吃，讓她點自己愛吃的，我負責做。」

X說，整個月子裡，她最感激的人，真的是月嫂。

我在三十歲之前，一直都活在老爸的溺愛裡。

而我們父女倆真正的爭吵，也是始於有了孩子。

有一段時間，老公頻繁出差，兒子脾胃總有問題，我每天晚上要給他推脾經，哄他睡著後，再點上艾條灸肚臍。一連數月，我都要忙到半夜一點才能睡覺，筋疲力盡。

因為太累，我睡得太沉，兒子半夜翻身掉下床去，哇哇大哭。我嚇得趕緊把他撈上來又哄又安撫，生怕驚醒了愛他如命的外公——睡在隔壁的東方雄獅。

可他外公還是在幾秒鐘之內從天而降破門而入，對我厲聲訓斥，「你怎麼睡覺的？把孩子都摔了！」

我也很惱火，「我能怎麼睡覺？我閉著眼睡覺的！」

「你自己睡著了就不管孩子，這要摔壞了怎麼辦？」

「我睡覺沒法看，我又不是魚！」

我們有史以來最激烈的對抗，都是在有孩子之後發生的。

其實，我能理解他心疼孩子摔傷的急切心情，可這種劈頭蓋臉的指責讓我無法接受。

還有一個女性朋友S，為了誰吃孩子一口剩飯，成為家庭戰爭的引爆點。

給孩子沖的奶剩了半瓶，S媽媽說：「進口奶粉這麼貴，別浪費，你喝了。」

S說：「我不喝，剩了就倒掉。」

媽媽便埋怨，「都養孩子了，還一點都不知道節儉。」

孩子把吃剩的果泥倒進她的碗裡，她制止。

S媽媽說：「你不吃，誰吃啊？哪個當媽的不吃孩子的剩飯，就你毛病多。」

雖然都只是嘴上念，S卻真的扎心了——彷彿不吃孩子剩飯，她就大逆不道，就不配當媽。

還有個朋友，帶孩子去住家社區的花園，孩子蹣跚學步沒站穩，她晚了一把沒扶住，孩子的額頭磕破了點皮。這一幕被她媽媽在樓上看見，火速衝下來，抱過孩子心疼地大哭，氣急敗壞地打了她好幾下。

她說，她本來已經無比內疚，可媽媽打的那幾下，讓她頓覺眾叛親離。

我們都在說：為母則強。

當了媽的女人，都活得猶如一頭神獸，上天入地無所不能，披荊斬棘所向披靡。

做母親的強，可以讓女人強大到原諒隱形爸爸缺失的擔當，寬容多事婆婆苛刻的計較。

可我們真的不願承受，來自血緣至親的那些不理解的批評、指責、埋怨。**每一句，都在不經意間給疲累的女人補刀**：奶水不足，是當媽的無能，餓了他們的天使；孩子受傷，是當媽的大意，摔了他們的寶貝；孩子生病，是當媽的疏忽，傷了他們的心肝。

好像我們不是親媽，好像我們不心疼孩子一樣。

「媽媽不中用，餵不飽我們寶貝啊。」

「媽媽真粗心，把我們寶寶摔疼了啊，我打她。」

「媽媽真差勁，這點事都做不好，我們不要她。」

許多人並不懂這些玩笑話其實有多傷人。

有很長一段時間，我都質疑自己，是不是太矯情，太玻璃心了。

可至今回想，心裡那種分明的失落和難過，其實騙不了人。

那種痛像針扎，不會撕心裂肺，不會血湧如注，卻針針扎心，在不為人知的地方，在無法言說的角落，滲出密密匝匝的血珠。

因為我有了孩子，因為我成了母親，我就不該再被呵護，不該再被疼愛，只配粗糙地活著嗎？

女人生孩子的痛，從來不是因為懷胎辛苦和分娩苦楚。

男人不給力，因為他們後知後覺成熟晚。婆婆不貼心，畢竟隔著血脈，心存生分，客氣疏離。這些，我們都可以學著接納，練習消解。

我們更怕不被至親理解的孤立無援。

願每個當了媽媽的女人，依然能被善待和疼惜。

願每個為母則強的女人，能在男人懷裡成為妻子，還能在父母面前做回孩子。

沒想明白這四點，別急著跟風生老二

我們把他帶來這個世界，就應該讓他享受愛。我們要去創造一個生命，就應該保持對生命的敬畏和尊重。

去年一年，我真切感覺到，我身邊近一半的女性友人，不是在生老二，就是在懷老二；不是在懷老二，就是在準備懷老二。

我曾問一個女性朋友，「你和老公都很想要第二個小孩嗎？」

她說：「本來也沒多想要。周圍的人都生，成天被催著問，算了，那就要吧。」

呃，這也行？

到底要不要生老二，我曾和幾個讀者認真探討過。其實我從不排斥，也很羨慕有兩個孩子的家庭，我反對的是，盲目跟風地生。

有人是被父母長輩催著，不情願地生。有人是被周圍環境影響，稀裡糊塗地生。有人連老大都要送到老家寄養，仍然大無畏地生。有人背著沉重貸款入不敷出，為了要兒子／女兒，拚命也要生。還有人一看有政策，好像不生就虧了似的跟著生。

我相信在愛面前，困難可以想辦法克服。

可這些不理智的父母，生得如此隨意盲目，對孩子負責任嗎？

生育對家庭、對人生，都是件嚴肅而重大的事。我認為幾個關鍵因素，必須要考慮。

一、健康

女人三十五歲之後，卵子品質明顯下降。而男人到了這個年齡，也往往抽菸、喝酒，應酬多。如果想要第二胎，夫妻雙方必須鍛鍊身體，認真體檢，嚴遵醫囑，排除隱患。這是對自己負責任，更是對孩子負責任。

兩年前一個熟人，孕期篩檢出是唐氏症高危險群，醫生建議做羊膜穿刺進一步確認。夫妻倆不以為然，「懷老大時候查都沒查，不也好好的？」

後來孩子順利出生，白白胖胖，兩人更是堅信不疑，「現在的醫院，就是想盡辦法坑錢。」然而，孩子一歲後出現異常，跑遍各大醫院，現在已確診了智力問題。

生孩子不是目標，生一個健康的孩子才是目標啊。

二、經濟

一提養孩子花錢，就有人跳出來說：上一代的人窮得沒飯吃，生十個八個，不也照樣養大了？只能呵呵。

每個人對生活品質的要求有高有低，但多養一個孩子，就多一份實實在在的支出，這是無法迴避的現實。從奶粉尿片、游泳撫觸到副食品、學前教育、玩具繪本，再到幼兒園、才藝班，還有以後的家教補習，哪樣都是真金白銀。

先莫說窮養富養，我們首先不能犧牲健康。並不是說窮人不能生兩個孩子，但我們真的要衡量，能不能給孩子生活品質的保障。

三、人手

前幾天，我問一個雙寶媽，「你覺得養兩個小孩，最重要的條件是什麼？」

她毫不猶豫地答：「家裡有人！」

一語道破天機。

說到底，打敗要生老二念頭的只有兩個字：誰顧？

勵志的雞湯文都說得頭頭是道：不要錯過孩子的成長，不要讓孩子成為鑰匙兒童，不要做只生不養的父母。

每對父母都想親力親為去養育自己的孩子，而現實呢？沒錯，有產假和陪產假，然後呢？他們不需要上班賺奶粉錢嗎？

經濟好些的，請個保母。但看看網路上爆出那些虐待孩子的影片，哪個父母不捏一把冷汗，沒人敢把襁褓中的親生骨肉完全託付給陌生人。

最終的解決方案大多是：請父母幫忙。有的老人多病，自顧不暇，有的觀念不合，難以相處，即使能提供幫助，做兒女的也依然內疚——他們本該享受輕鬆自在的晚年。

最後，女人只能犧牲自己，辭掉工作，成為全職媽媽。而她們的權益誰保障？你原以為失去工作，得了一對兒女，可萬一哪天情變，打起離婚官司，你可能會因沒有收入來源而無力爭奪孩子的撫養權……

所以，確定「生」之前，先解決「照顧」問題。

四、心態

首先是女人的自省：生養老大的辛苦，跟老公、婆婆的齟齬，當年的產後憂鬱，是否都已消除了陰影？再次養育一個新生命，有些路是必然要走的：身體的疲累、精神的操勞、體力的消耗……而這條路，媽媽注定承擔最多。

男人更應該自省，相比起養育第一個孩子的茫然無措，是否更有經驗，更有擔當？這條路重走一次，夫妻兩人是否能更成熟地面對，更理性地處理？

還有不可忽視的對老大的關注，他的心理變化，他的情緒波動，他對小弟弟（妹妹）的接納，感情上的相融。

是否能理智地管理情緒，坦然接納生活的再次改變，並甘願為之付出，都是一場考驗。**心態上的準備，比任何準備都重要。**

因為我們是什麼樣的心態，直接決定了給孩子什麼樣的教育。

如果因為一個新生命的到來，讓家庭再次陷入歇斯底里的混亂，讓婚姻重新走回相互抱怨的階段，對彼此嫌棄，對孩子不耐煩，這就是最大的不負責任。

有人說：生老大時什麼都不懂，照樣稀裡糊塗養大了，生老二有什麼不能的。

我反對這個論調。正是因為養育老大時走過彎路，關於老二，我們才應該更成熟。

永遠不要跟風，也永遠不要聽誰說「你應該生」。

我們把他帶來這個世界，就應該讓他享受愛。

我們要去創造一個生命，就應該保持對生命的敬畏和尊重。

所以，生與不生，應該是一對成年人，基於家庭實際情況而做出的理智的決定。

早上起不來？生個孩子就好了

小飛俠布萊恩見過洛杉磯凌晨四點的樣子算什麼。我們當媽的人，這城市凌晨幾點的樣子，都見過。

大齡單身閨密對我說：「我可能睡了假覺，否則為什麼一直睏？原來，我不但五行缺錢，而且還缺覺啊！」

我給了她有生以來最嫌棄的白眼，「你五行缺個小皮蛋來治你。」

講真的，單身狗這種「晚上睡不著，早上醒不了」的通病，生個孩子準保立刻治好。

身為新手媽媽的朋友，給我看某寶上搜到的一款智慧型睡袋，讓我幫忙出主意——歐洲原裝進口名牌，價格貴得驚人，據說可根據嬰兒睡眠時的體溫，自動調節溫度。

她興奮，「為寶寶踢被、蓋被的操碎了心。有了這個神器，我不就能解脫了？」

我回她，「買是可以買，只是對寶寶來說，這世上最知冷知熱的智慧型神器，叫親媽。」

她瞬間洩了氣，「那我哪時候才能睡成懶覺？天天都睏成狗啊！」

我毫不客氣地補了一刀，「六年之內，想都別想。」

她哭著走了。

切，當了媽的人，能閉一下眼都是天大的奢侈，還想睡懶覺？我只想問問是誰給你的勇氣，梁靜茹嗎？

有人總結了女人當媽後，從「神仙姊姊」王語嫣變身「赤練仙子」李莫愁的四大因素：自身硬件報廢，照顧寶寶受累，家事雞零狗碎，老公照吃照睡。

對我來說，這些統統都抵不過致命的一條：**天天覺不夠睡！**

我真的是天生能睡的那類人。小時候聽大人們說，睡覺多的孩子長得高。我果然不負眾望，十五歲就長到了一百六十八公分。直到結婚之前，我依然保持每天十小時的睡眠。

老公得知後哭笑不得，「你是嬰兒啊？」呃，我大概一直在長身體吧。

另外我還有兩個毛病：要是早上起得過早了，一整天都心慌氣短、頭暈噁心，像生了場大病。要是半夜被驚醒，或突發情況起得太猛，就會當即頭暈目眩，心悸乏力。

直到我產下兒子，被護士推出產房的時候，為我接生的楊醫生說：「行了，從此就知道了，當了媽的女人，什麼嬌氣啊、怕疼啊、懶啊、犯睏啊，以後都沒有了。」

果然。我那些林黛玉一般的毛病，奇蹟般地不藥而癒了。

半夜寶寶「哇」地一哭，我像安了彈簧，一下子直接坐起來，眼如雷達，雙目炯炯。

往上摸，燒不燒？往下摸，尿沒尿？若是燒，立馬化身武林高手，翻身下床抄傢伙：體溫計、冰毛巾、退熱貼。若是尿，尿布、尿墊一鍋端，一把扔進髒衣盆，健步如飛，比投籃還精準。

既不燒也沒尿，那就是餓。冷熱水比例爛熟於心，隨便一兌都是四十五度C的完美。

吃飽了還不行，就來花樣哄睡，下床轉著圈，晃著走，親自給寶寶唱小曲。

一夜幾番折騰下來，寶寶睡香了，天也亮了，本宮該上早朝了。

我曾天真地以為，寶寶大些後，斷了夜奶，穿上夜安褲，終於可以美美一覺到天亮。

現實畫風完全不對。

夜裡被他拳打腳踢揍得鼻青臉腫，清晨難得酣睡一會兒，他一個骨碌坐起，壞笑著將兩根小指頭穩準狠地戳進你鼻孔裡。你若忍著不醒來，他繼續變本加厲，摳開你的嘴，扒開你的眼，沒輕沒重恨不能把你眼珠子摳出來當泡泡踩。我只得求饒，睏成狗也得爬起來無奈陪笑。

又過兩、三年，終於熬到了塞給他個iPad能自己玩的年紀。

每到週末，我不惜使用奸計，騙著這小兔崽子晚上連蹦帶跳，電量耗盡，只為成全我次日的懶覺。誰知他完全不按牌理出牌。平時上學天天睡不夠，硬生生從被窩裡拖出來，閉著眼盥洗吃飯，睡眼惺忪地被推出門、塞上車。一到週末卻像打了興奮劑，天一亮就自己起身下床，穿戴整齊，載歌載舞，連敲帶打，吟詩作賦。生生被他氣得一口老血噴在被窩裡。

前幾天同事說，本來盼著小猴子放了寒假，終於能消停些。誰想得到，這孩子上學時睏成狗，放了假恨不能聞雞起舞，天天五點起來，大聲朗讀，全然不顧他睡在床上的爸媽，淚滿面，鬢如霜。

看到全天下小孩都一副皮蛋樣，我幸災樂禍地釋然了。

有個姊妹說：誰若給我看一天孩子，只要叫我狠狠睡上二十四小時，讓我做什麼都行！

我在心裡默默地說：終於理解了那些被逼供的人。其實像我這種軟腳蝦，不必嚴刑拷打，只要能讓我睡覺，我什麼都招。

何以解憂？唯有睡夠。

有段時間，被幾篇早起的勵志爆文刺激到了，作者說：每天五點起床的人生，真是賺翻了。我這種無志之人，立即立志，為了第二天能五點起床，我當晚決定九點就睡。結果，一覺睡到第二天七點，算了算，多睡了好幾個鐘頭，果然賺翻了！

雖然我至今，在五點起床這個問題上總是自取其辱，但客觀地說，孩子出生之後這幾年，我的惰性被徹底清空。

前天臨時接到通知要回總公司開會。為能當天返回，我與同事決定天不亮就出發。

當我在兒子熟睡的小臉上親了又親，在小黑板上給他留了言，拖著行李出門，站在漆黑寒冷的一月街頭等車，抬頭見清冷明月，竟然記不清這是第幾回了。

算算這兩年，我出差的天數比前幾年少很多，但緊湊程度和效率卻比原來提高太多。為趕早班機，或早上高速公路避開擁堵，我經常五點多鐘出發，以保證趕在最早時間，出現在談工作的辦公室裡。因為，我早一點出發，就能早一點歸來，就能早一點出現在我的寶貝面前。

既要求工作專精，又想給孩子照顧和陪伴。一個職場媽媽，唯一能犧牲的，就是自己的睡眠。

有人曾對我說：你對自己太嚴格。別搞那麼累，你沒那麼重要。

沒錯，我對全世界都沒那麼重要。但對我的孩子，我就是這麼重要。他每天早上都會問我，「媽媽，你今天要加班嗎？能準時回來嗎？」我保證一定能，他就歡呼雀躍。

對孩子來說，有父母陪伴的日子，都是過節。

所以，我不再縱容自己懶散懈怠，把時間都浪費給睡大覺。所以，我開始認真食補、適度健身，以保證在減少睡眠後，仍保持精力充沛。**我希望，我不只是個一味犧牲睡眠，長年頂著黑眼圈的疲憊母親，而是一個精於時間管理，時刻關注效率，堅持自律、神采奕奕的媽媽榜樣。**

小飛俠布萊恩早起練球，見過洛杉磯凌晨四點的樣子算什麼。

我們當媽的人，這城市凌晨幾點的樣子，都見過。

別讓孩子未來做父母的路，像你一樣坎坷崎嶇

無論有什麼樣的過去，不能去怨別人，唯有去修自己。別讓無辜的孩子，去重複你不幸的童年。

一年前的某個週末，我搭計程車出門，在路口堵了將近十分鐘。我望向車窗外，無意間看到路邊的人行道上，一位媽媽正在大聲訓斥女兒。

小女孩十歲左右，一直在哭。媽媽語速很快，疾言厲色，引得路人紛紛側目。

聽了一分鐘，我大致明白了整件事情的原委：小女孩想洗手，媽媽便讓她倒一點水壺裡的水簡單搓洗幾下。水壺保溫，估計溫度略高，小女孩一下倒多了，覺得燙，哭了起來。

媽媽全然不顧孩子的委屈，一直痛斥：「讓你少倒一點搓一搓，誰讓你一下倒那麼多的？笨死了！倒點水都不會！」

小女孩一直抽泣，眼淚不停地往下流。媽媽又呵斥：「哭什麼？自己笨還有臉哭，不許哭，給我憋回去！」小女孩驚恐地看著她，抿緊嘴唇，拚命點頭。

媽媽接著訓，翻來覆去不外乎還是那幾句：「我讓你少倒一點，你能聽懂嗎？什麼叫少？」「你不會倒出兩滴先試試嗎？誰讓你倒那麼多了？沒見過你這麼笨的。」「我告訴你，自己笨，只能怨自己，怪不了別人！」

小女孩瞪著無辜的大眼睛，不停做著吞嚥動作，硬生生地把抽泣憋了回去。

若不是看她們母女長相極其相似，且親耳聽到小女孩叫媽媽，我簡直無法相信這是親媽。

這一年來，那場景一直印在我記憶裡，揮之不去。

我心疼那個女孩，一個已經十歲，懂得愛美並已有了自尊心的小女孩，被母親在馬路上如此當眾責罵，她的哭泣裡不只是傷心，一定還有委屈、憤怒、屈辱。

我也可憐那個媽媽。

我想所有路人，大概都給她貼上「粗暴」、「過分」、「不會教育」，甚至「不配當媽」的標籤。不會有人想過，她今天的一切，都是因為童年不曾被好好愛過。無人為她治癒，她亦沒有能力自癒的時候，她就將這一切，再度輪迴到了自己的女兒身上。

我自己，也曾經是一個這樣的孩子，後來，也一度幾乎成為這樣的媽媽。

小時候，我最討厭的事，就是和我媽一起去外婆家。

其實外婆很疼我，但我寧可自己去，也不願意和我媽一起去。因為我媽最喜歡做的事，就是在外婆家當著所有親戚的面專門數落我。

親戚誇我個子高，她就說：長得高有什麼用，傻大個罷了。

別人讚我成績好，她就說：好什麼？天生笨，這次碰巧考得好罷了。

總之，我在她嘴裡就是笨、傻、醜，一無是處。

或許她心裡未必認為我一無是處。我的成績擺在那，考不了第一，但也沒跌出前五。我的模樣個頭也是事實，沒有天生麗質，但也不是醜八怪。但她嘴上一定要那樣說，一定要拿我的短處去比別人的長處，一定要讓我被那個「別人家的孩子」比下去。

她認為這是一種激勵。越是批評得慘痛，我越應該奮發有為。生怕多誇了我一句，我就飄飄然找不著方向，從此不知天高地厚。

整個童年和青春期，我們的母女關係都很緊張，我一度對她非常仇視：你把我貶得一文不值，難道你就臉上有光嗎？

我真正的釋然，始於外婆給我講了從前的事。

我媽是家中長女，外公長年在外。外婆是服裝廠女工，加班加得要死要活，根本無暇顧家。我媽就是弟弟妹妹的半個娘，要劈柴生火、洗衣做飯、養家賺錢，而那時，她不過是個十幾歲的花季少女。

外婆中午只有半小時吃飯時間，沒有自行車，走回家要十五分鐘，進門一看我媽沒有把飯準備好，抓起掃帚就是一頓打，打完後，揣起一個涼饅頭再走回去上班。那年月，家家似乎都是這樣的，人們沒有精力、沒有能力、沒有條件去好好愛孩子。

一個不曾被愛過的孩子，當媽後，如何去愛她的孩子？她不懂，也不會。

她總想把我塑造成她想要的樣子：不講穿戴，不准愛美，不許太早談戀愛，一心只讀聖賢書。可我偏偏長反了：臭美又虛榮、矯情又敏感、暴烈又任性，我讀瓊瑤、收情書、曠課、暗戀，所有她不許的事，我都要偷偷做一遍。那是一種報復的快感。

在整個成長過程裡，我和我媽衝突不斷，她對我極盡苛責、訓斥、數落，我回報給她叛逆、偏激、固執。在我十八歲考完大學填志願時，我只有一個念頭：離開家，離開她。

她羨慕別人家的孩子，我渴望別人家的媽媽。

直到我有了孩子，我發現，問題全面爆發了。

我沒有成為別人家的媽媽，卻成了和我媽一樣的，極沒有耐心，壓不住火氣，動輒發怒、煩躁、焦慮的媽媽。我變成了自己曾經最反感、最討厭的那種人。

孩子哭鬧，我給不出耐心陪伴，只想拋下一切逃到天邊。

生活煩亂，我不想承擔也無力破解，只會用吵架賭氣來發洩。

我意識到，如果這個坎過不去，我將永遠是一個不成熟的伴侶，一個不稱職的媽媽，一個毫無幸福感的女人。

我開始去學心理課程，學著自我療癒。我看到了我心裡那個「內在的小孩」——那個必須考第一名、必須只愛念書、必須優秀出色才配被愛的小孩。

很多時候我對孩子的不耐煩，其實是對我自己的無力感。很多時候我又想給孩子全世界，其實只是在彌補對自己的可憐。

這是心理學上的「強迫性重複」。每個成年人都會重複早年的創傷性經驗，當一個孩子在幼年和童年時期感受到幸福，長大後他就會重複幸福；當他獲得的痛苦多於幸福，他就會重複痛苦。如果沒有他人幫助，自己很難從那些經驗中逃出來，他就只能一直重複經歷那些痛苦的體驗，很多人把這稱之為宿命，其實，這只是一種悲哀的輪迴。

如果我們不能治癒自己，就會不斷重複童年的創傷，就無法真正去愛孩子。而這種重複，又再次成了我們的孩子成長中的痛苦。

在網路上看到一幅圖上的對話：

小象：媽媽，這裡水深嗎？

大象：不深，還沒淹過大腿。

小象：媽媽，要不是我鼻子長，你就沒兒子了你知道嗎？

我們以為自己最愛孩子，其實只不過在自以為是地愛孩子。

我深知當媽這條路，我為什麼走得格外不易，因為起點太低。我用了漫長的時間，去修復創傷，去重新成為孩子，去擁抱內在的小孩，去和過去徹底和解，然後，我才能真正接納，真正給予。

我曾以為自己最愛孩子，走過之後才知道，我才是那個被孩子治癒的受益者。

「如果你瞭解過去的我，你就會原諒現在的我。」

所以我能理解那個當街訓斥女兒的媽媽。她一定也不曾被寬容地善待過。她怕犯錯，所以無法容忍女兒犯錯。

那些不曾被愛包容、被愛滋養、被愛感化的人，長大後，一直帶著不為人知的傷口，暴戾、依賴、控制、索取。他們對自己無能為力。

這些當年的孩子，只有先治癒自己，才有能力去成為一個合格的父母。只有先與內在的小孩和解，才能真正學會去愛自己的孩子。他們做父母的路，注定要比別人更坎坷、辛苦。

我常說：當媽後，我重新活了一次。是的，做父母，就是一次重生。**無論有什麼樣的過去，不能去怨別人，唯有去修自己，別讓無辜的孩子，去重複你不幸的童年。**

好好愛我們的孩子，別讓他為我們，以及上一代的錯誤埋單。別讓他未來做父母的路，和我們一樣坎坷崎嶇。

我們如何對他們，影響著他以後如何做父母。

讓他成為活在愛裡的孩子，他就能去正確地愛他的孩子。

迎向盛放／

我們曾經不堪一擊，我們終將刀槍不入

無數次我們都險些被脆弱擊倒，無數次我們都幾乎被苦難打敗。所幸最後，我們依然昂首站在歲月中央，有了銅牆鐵壁，盔甲鋼拳。

好姊妹孫小仙來青島看我。晚上在我家，一直聊到半夜十二點。

女人們想像中的閨密相聚，都是擠在沙發上吃著巧克力甜甜圈，掏心掏肺說不完的體己話。

可我是大巨蟹啊！巨蟹愛自己人的方式，就是欺負你欺負你一直欺負你。

所以，我對孫小仙的感情表達，就是損她損她總是損她。

她說：「心情不好，快給我講個笑話。」

我回：「你本身就是個笑話！」

她說：「以前，我總想找個有房子的男人。」

我說：「現在，你只能買個有男人的房子。」

她問：「愛玲，你說我什麼時候才能嫁出去啊？」

我答：「滾，你這樣的，不要出去害人。」

講真的，這種對話，只能發生在最親的閨密間。

但這次，她很認真地跟我說了一句，「如果十五年前，我對你說，你以後會過著現在的生活，你會不會覺得我是騙子？」

「會！」我毫不猶豫。

我們一直笑，直到笑出了淚。

十五年前的夏天，我大學畢業。遠距離戀情前途未卜，父母遠在老家，最好的閨密孫小仙去了煙台。

我孤零零留在這座城市，獨自開啟職場生涯。

那年公司業務量突飛猛進，人員告急。我每天早上第一個到公司，倒一滿杯熱水在手邊，然後低頭開始整理報關單據，再次抬頭，就是中午十二點，水早已涼透。

毫不誇張，我經常一整天連飯都沒吃。

晚上下班，我整理資料、歸檔單據，再分別把快遞寄出，然後在蒼茫暮色中去公司樓下的海邊，看輪船鳴笛起航。

有時會有男人來搭訕，我膽怯地躲開。一個無依無靠的年輕女孩，保護自己的唯一辦法，就是遠離是非。

我在夜風中走回合租房。半路買兩個包子，通常到家之前就吃完了。

我的住處是與兩個陌生女子合租的，互不瞭解。我在自己的雅房門上又加了一把明鎖。房子是頂樓，門口沒有防盜門，走廊裡沒有燈，我特別害怕晚上獨自回家。走在樓梯上，我常常想像：如果遇上劫匪，上面下來一個，後面堵上來一個，我就完了。

其中一個合租的女孩，幾次被我撞見帶不同的男人回來過夜。廁所是公用的，我很擔心，只好把臉盆、毛巾全拿到自己房間，盡量忍著不去廁所。

七夕情人夜，當時的男友，也就是我現在的老公，在花店訂了一束百合給我。我們都太窮了，沒時間也沒有錢見面。

晚上我們約好各自去海邊，看潮水起起落落，我們通了個電話，想像對方城市的海也是這樣的吧。隨身聽反覆循環梁靜茹的〈勇氣〉：

愛真的需要勇氣　來面對流言蜚語
只要你一個眼神肯定　我的愛就有意義
我們都需要勇氣　去相信會在一起……

時至今日，回想起當初那一段時光，還是無比辛酸。不只為生活上的清苦，更多的是心底無可逃遁的迷茫和無望。

而那些黑暗，你只能獨自穿越。

我在客廳裡拉開窗簾，讓孫小仙看後排的樓房，有一家亮著燈的美容院，老闆是位四十歲卻看上去比我們還年輕的姊姊。

二十四年前，她只是一個普通鄉下女孩，把上學的機會留給了弟弟，獨自一人來到舉目無親的大城市，沒有學歷，身無長物，能拚的，只有勤奮。

她愛美，便進入美容行業，從學徒做起，時常加班，全年無休。白天跟著師傅學習護膚，晚上回家自學研究經絡。美容院的VIP客人，通常一來都是做全套護理，包括臉部護膚和全身按摩。

別人一天做五、六個，她做十幾個。別人趁客人睡著就偷工減料，她每個步驟從頭到尾絕不敷衍。

為找準經絡穴位，她每晚回家自己試驗，把胳膊小腿按到青紫。為精進按摩手法，掌握好力度，她一遍遍拿自己的臉當試驗田。

二十歲出頭，她成了店裡最優秀的美容師。別的美容師收入還停留在三、四千，她每月就能拿到快一萬塊獎金。

她說，我沒念過多少書，也沒多大本事，唯一的辦法，就是用心。

那天她對我說：「我們社區北面，曾經有個公車總站，我印象最深。那幾年，這一片城區剛開始開發，我深夜下班，就在那裡等車。天寒地凍，一片荒涼，周圍的社區剛開始動工蓋樓，我抬頭看著起重機，突然覺得自己沒有家，心裡空空落落，不知道什麼時候才能在這裡落地生根。」

如同我那些去海邊獨自看輪船起航的夜晚，茫然四顧，舉目無依。

她笑說：「現在什麼都有了，其實真的挺感恩的。」

她拿出手機，給我看年前剛在市郊新買的連棟別墅。

命運從來都不會無端厚待誰。每個人都是一邊承受，一邊戰鬥。

我問孫小仙，「今年你有什麼目標嗎？」

她說：「愛玲，說真的，我有時真想這輩子就這樣算了，稀裡糊塗地過吧。但每次過節回家，看到我媽，就覺得我應該好好生活，我就是她的臉，我過好了，她才揚眉吐氣，我過好了，她才心安。」

我一如既往地損她，「你那豬腦子，活了半輩子終於開竅了。」

其實孫小仙挺堅強的。從我在大學裡認識她，得知她的身世、經歷比同齡人都坎坷曲折：

早年父親去世，母親住院，年幼的弟弟尚在上學。她在家中親戚的幫助下，得以參加考試上了大學。就業後，每個月從自己微薄的薪水裡分出一半，供弟弟到大學畢業。

我能理解她人生那麼多的頹喪和消沉的時刻。就連比她平順太多、幸運太多的我，都時常想著：拚什麼？爭什麼？找個地方躲起來算了，就沒人看見我的無能和懦弱。

可如今她說：「想想自己還是挺幸運的。老爸不在了，可是還有老媽啊。當年家裡一下垮了，好在還有親戚幫我們啊。沒讓我草草找個村裡人隨便嫁了，沒讓我在村頭邊養孩子邊種田，我還能上大學，還認識了你，我還能買個小破二手屋，種一院子的花……」

命運給予什麼，從來都由不得我們選擇。

無數次我們都險些被脆弱擊倒，無數次我們都幾乎被苦難打敗。

所幸最後，我們依然昂首站在歲月中央，有了銅牆鐵壁，盔甲鋼拳。

有位讀者曾在我的文章下方留言：我們曾經不堪一擊，我們終將刀槍不入。

我們終於長成一棵開花的樹，溫柔而強大地綻放。

從此懂得，什麼叫作紅顏鏗鏘。

國家圖書館預行編目資料

有人在錯的愛情裡枯萎，有人在對的人身邊盛放／李愛玲著. --初版. --臺北市：寶瓶文化, 2019.12, 面； 公分. --(Vision；189)
ISBN 978-986-406-176-1(平裝)
1.兩性關係 2.女性

544.7 108020335

Vision 189

有人在錯的愛情裡枯萎，有人在對的人身邊盛放

作者／李愛玲

發行人／張寶琴
社長兼總編輯／朱亞君
副總編輯／張純玲
資深編輯／丁慧瑋　編輯／林婕伃
美術主編／林慧雯
校對／丁慧瑋・劉素芬・陳佩伶
營銷部主任／林歆婕　業務專員／林裕翔　企劃專員／李祉萱
財務主任／歐素琪
出版者／寶瓶文化事業股份有限公司
地址／台北市110信義區基隆路一段180號8樓
電話／(02)27494988　傳真／(02)27495072
郵政劃撥／19446403　寶瓶文化事業股份有限公司
印刷廠／世和印製企業有限公司
總經銷／大和書報圖書股份有限公司　電話／(02)89902588
地址／新北市五股工業區五工五路2號　傳真／(02)22997900
E-mail／aquarius@udngroup.com

法律顧問／理律法律事務所陳長文律師、蔣大中律師
如有破損或裝訂錯誤，請寄回本公司更換
著作完成日期／二〇一七年九月
初版一刷日期／二〇一九年十二月
初版二刷日期／二〇一九年十二月二十五日
ISBN／978-986-406-176-1
定價／三三〇元

作者：李愛玲著
本書簡體版書名是《越女王，越少女》，由天津華文天下圖書有限公司正式授權，同意經由寶瓶文化事業股份有限公司出版中文繁體字版本。

寶瓶文化事業

愛書人卡

感謝您熱心的為我們填寫，
對您的意見，我們會認真的加以參考，
希望寶瓶文化推出的每一本書，都能得到您的肯定與永遠的支持。

系列：Vision 189　**書名：有人在錯的愛情裡枯萎，有人在對的人身邊盛放**

1.姓名：＿＿＿＿＿＿＿＿　性別：□男　□女

2.生日：＿＿＿年＿＿＿月＿＿＿日

3.教育程度：□大學以上　□大學　□專科　□高中、高職　□高中職以下

4.職業：＿＿＿＿＿＿＿＿

5.聯絡地址：＿＿＿＿＿＿＿＿＿＿＿＿＿＿＿＿＿＿＿＿＿＿

聯絡電話：＿＿＿＿＿＿＿＿　手機：＿＿＿＿＿＿＿＿

6.E-mail信箱：＿＿＿＿＿＿＿＿＿＿＿＿＿＿＿＿

□同意　□不同意　免費獲得寶瓶文化叢書訊息

7.購買日期：＿＿＿年＿＿＿月＿＿＿日

8.您得知本書的管道：□報紙／雜誌　□電視／電台　□親友介紹　□逛書店　□網路
□傳單／海報　□廣告　□其他

9.您在哪裡買到本書：□書店，店名＿＿＿＿＿＿　□劃撥　□現場活動　□贈書

□網路購書，網站名稱：＿＿＿＿＿＿＿　□其他＿＿＿＿＿＿

10.對本書的建議：（請填代號　1.滿意　2.尚可　3.再改進，請提供意見）

內容：＿＿＿＿＿＿＿＿＿＿＿＿＿＿

封面：＿＿＿＿＿＿＿＿＿＿＿＿＿＿

編排：＿＿＿＿＿＿＿＿＿＿＿＿＿＿

其他：＿＿＿＿＿＿＿＿＿＿＿＿＿＿

綜合意見：＿＿＿＿＿＿＿＿＿＿＿＿＿＿＿＿＿＿＿＿＿＿＿＿＿＿＿＿＿＿

11.希望我們未來出版哪一類的書籍：＿＿＿＿＿＿＿＿＿＿＿＿＿＿＿＿＿＿

讓文字與書寫的聲音大鳴大放

寶瓶文化事業股份有限公司

（請沿此虛線剪下）

廣 告 回 函
北區郵政管理局登記
證北台字15345號
免貼郵票

寶瓶文化事業股份有限公司 收

110台北市信義區基隆路一段180號8樓

8F,180 KEELUNG RD.,SEC.1,

TAIPEI.(110)TAIWAN R.O.C.

（請沿虛線對折後寄回，或傳真至02-27495072。謝謝）